AF403366

SCIENCE ET RELIGION
Etudes pour le temps présent

L'UNITÉ RELIGIEUSE

pendant le Grand Schisme d'Occident

1378-1417

PAR

AMAND RASTOUL

Archiviste-paléographe

PARIS
LIBRAIRIE BLOUD & Cⁱᵉ
4 RUE MADAME ET RUE DE RENNES, 59
1904

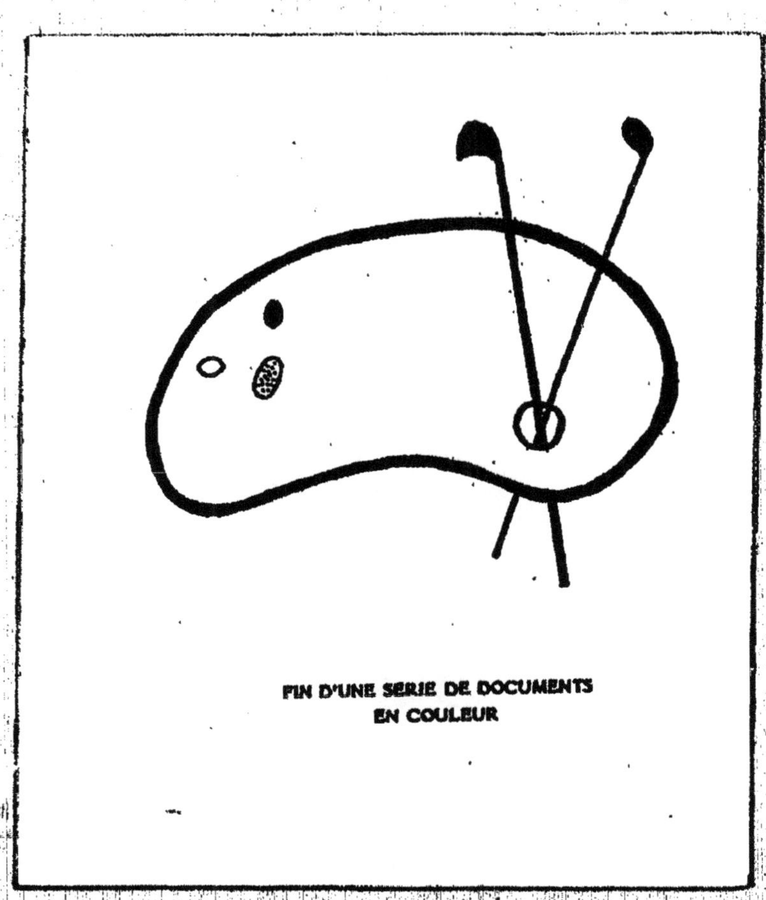

FIN D'UNE SERIE DE DOCUMENTS
EN COULEUR

SCIENCE ET RELIGION
Études pour le temps présent

L'UNITÉ RELIGIEUSE

pendant le Grand Schisme d'Occident

1378-1417

PAR

AMAND RASTOUL

Archiviste-paléographe

PARIS
LIBRAIRIE BLOUD & Cie
4 RUE MADAME ET RUE DE RENNES, 59
1904

L'UNITÉ RELIGIEUSE

I

SCHISMES ET ANTIPAPES

Depuis l'apôtre Pierre sur lequel Jésus-Christ bâtit son Église jusqu'à Sa Sainteté Pie X, glorieusement régnant, Rome compte 264 Papes. La liste de ces Papes publiée en tête de l'annuaire officiel de l'épiscopat, *la Gerarchia cattolica*, donne de la continuité de l'Église une impression d'autant plus vive que chaque Pontificat y est indiqué par une mention plus brève : « un tel, de tel pays, « de tel nom, couronné en telle année, mort en telle « année, régna tant d'années, tant de mois, tant de « jours ». L'uniforme simplicité de cette formule dissimule les troubles et les incertitudes qui signalèrent bien des élections pontificales. Le nouveau Pape n'a pas toujours été choisi avec tant de liberté, accueilli avec tant d'unanimité dans la vénération que le cardinal Joseph Sarto. Dès le IIIe siècle, alors que l'évêché de Rome ne conférait d'autre privilège que celui du martyre, le prêtre Novatien en disputa le titre à saint Corneille. Depuis lors, surtout à l'époque où l'évêque était désigné, à Rome comme dans toutes les cités chrétiennes, par les acclamations du peuple souvent tumultueuses, des cardinaux, des prêtres, ou même des laïques usurpèrent plusieurs fois, grâce à l'appui du souverain, les prérogatives et les fonctions pontificales. L'Eglise, ne considérant dans leur crime que le fait de s'être dressés en rivaux du Pape légitime, leur a donné le nom d'antipapes.

Le *Dictionnaire* de Moroni (1) en énumère trente-neuf; de ces trente-neuf, plusieurs ont été retenus par la curie romaine au nombre des Papes légitimes. La plupart des autres se soumirent après quelques jours ou quelques mois de troubles, soit qu'ils eussent reconnu l'injustice de leurs prétentions, soit que les anathèmes des Conciles ou les condamnations portées par les représentants du pouvoir civil eussent éloigné d'eux le plus grand nombre de leurs partisans. Quelques-uns seulement, après avoir résisté toute leur vie, léguèrent à leurs cardinaux l'ordre de perpétuer le schisme. Ainsi Guibert de Ravenne, élu en 1086, du vivant de saint Grégoire VII, sur l'ordre de l'empereur Henri IV, par une assemblée d'évêques et de seigneurs, obligea successivement trois Papes légitimes à s'enfuir de Rome. Un siècle plus tard, le cardinal Octavien, qui s'était proclamé lui-même le jour de l'élection d'Alexandre III, obtint, par sa soumission au pouvoir civil, l'appui de Frédéric Barberousse; et, comme les démocraties guelfes de Lombardie avaient pris la défense du Pape légitime, une guerre d'un caractère atroce, pendant laquelle Milan fut détruit de fond en comble, ensanglanta vingt ans l'Italie.

Mais de toutes les scissions qui désolèrent l'Eglise, aucune ne troubla plus longtemps ni plus profondément les esprits chrétiens que celle qui a reçu de l'histoire le nom de « Grand Schisme d'Occident». En 1378, alors que la liberté des élections pontificales semblait à tout jamais assurée par la sévère réglementation des Conclaves, deux Papes furent élus à quelques mois d'intervalle par le même collège de cardinaux, et dans des con-

(1) Dizionario di erudizione storico ecclesiastico.

ditions d'incertitude telles que, aujourd'hui encore, après plus de cinq siècles, malgré les progrès continuels des sciences historiques, les érudits peuvent discuter leur légitimité respective. Les deux élus, d'accord sur les moindres questions du dogme ou de la discipline ecclésiastique, ne différaient que par leur pays d'origine : l'un était Napolitain, l'autre de langue française. Ce dernier, obligé par les Italiens de s'enfuir en Avignon, fut reconnu par la France et par tous les royaumes d'Espagne, tandis que les nations anglo-germaniques restaient fidèles au Pape de Rome. Après la mort des deux rivaux, leurs cardinaux perpétuèrent le schisme en désignant de nouveaux candidats à la tiare universelle. En 1409, sous la pression du roi de France, un Concile général fut réuni dans la ville de Pise pour imposer l'union ; mais de ce Concile, auquel les deux Papes refusèrent d'assister, sortit une troisième lignée pontificale, aussi discutée que les premières. Il fallut encore dix ans d'effort, et la réunion à Constance d'un nouveau Concile véritablement œcuménique pour réconcilier les peuples chrétiens sur le nom d'un Pape incontesté.

Notre but, dans cet opuscule, sera de montrer comment, malgré la durée de cette douloureuse scission, malgré les difficultés chaque jour plus apparentes d'une réconciliation, la grande majorité du peuple chrétien conserva toujours l'espoir ou plutôt la certitude de l'union définitive. C'est ce dont nous chercherons les preuves aussi bien dans les expéditions ou les ambassasades des princes que dans les discussions théologiques du clergé, dans les traités où les poèmes par lesquels tous ceux qui avaient l'habitude d'écrire proposaient les voies les plus aptes à rétablir l'unité. Si les uns comme les autres virent si longtemps leurs efforts inutiles, c'est qu'ils se heurtaient à cette puissance souveraine des Papes, dont ils voulaient précisément relever l'intégrité.

Mais l'unité religieuse ne se traduisait pas seulement

par des négociations ou des pamphlets. L'Église vit par
le développement du dogme et par la pratique des vertus de sacrifice. Si l'hérésie de Jean Hus prit naissance
pendant le grand schisme, les deux obédiences se trou-
vèrent d'accord pour la condamner ; et dans l'une
comme dans l'autre, les œuvres chrétiennes subsistèrent
grâce à l'heureuse influence de plusieurs saints person-
nages, auxquels les Papes ont accordé depuis les honneurs de la canonisation.

Cependant, sur un point du dogme ecclésiastique qui
n'était point fixé avec la même rigueur qu'aujourd'hui,
nous devrons enregistrer de nombreuses défaillances. La
suprématie du Pape fut rendue responsable des tris-
tesses du schisme ; et le Concile de Constance vota
contre elle diverses motions dangereuses, qui donnèrent
naissance, quinze ans plus tard, à une nouvelle scission,
dont la Papauté devait sortir définitivement victorieuse.

II

DOUBLE ÉLECTION D'URBAIN VI ET DE CLÉMENT VII (1378)

On sait qu'au commencement du xiv⁰ siècle la papauté,
fuyant la turbulence des Romains, s'était réfugiée en
Avignon où elle resta plus de soixante ans. Les mystiques
italiens ont comparé cet exil à la captivité de Babylone :
image biblique, qui a trop facilement séduit certains
historiens de l'Église. En réalité, dans la colossale forteresse assise sur le Rocher des Doms, les Papes d'Avignon
n'étaient pas davantage les prisonniers du roi de France,
que, dans leur palais du Vatican, ils n'eussent été, selon
les hasards de la guerre des rues, ceux des Colonna ou
des Orsini. Avignon et le Comtat-Venaissin étaient terre

pontificale ; et si les lys de France flottaient en vue du Palais des Papes à Villeneuve, sur la rive droite du Rhône, à quelques milles vers le sud s'étendait le comté de Provence, pays d'Empire soumis aux princes Angevins de Naples. Les sept Papes, tous français, qui siégèrent en Avignon, ne se montrèrent point indignes de leur mission ; trois d'entre eux avaient porté dans leur jeunesse l'habit monastique et l'un de ces trois, Urbain V, mérita, par l'austérité de sa vie, la gloire d'une béatification régulière.

L'Italie ne pouvait se consoler de l'absence du Pape. Rome, abandonnée par son souverain légitime, était la proie des condottieres ; les plus petites villes du Patrimoine de Saint-Pierre s'érigeaient en républiques indépendantes, ensanglantées presque chaque jour par des révolutions et des haines de familles. Le pieux Urbain V voulut venir à Rome pour y recevoir en même temps les deux Empereurs d'Orient et d'Occident ; mais la turbulence de ses sujets, « cette nation avare, envieuse et superbe », l'effraya tellement qu'il retourna mourir en Avignon. Après lui, son successeur Grégoire XI céda aux instances d'une humble fille du peuple, Catherine Benincasa de Sienne, que la Seigneurie de Florence lui envoyait en ambassade (1). Malgré les supplications de sa famille, malgré la résistance des cardinaux, il entraîna vers l'Italie toute la curie pontificale. Rome lui préparait un accueil enthousiasme ; joyeuse de se retrouver maîtresse du Pape, elle remettait entre les mains de Grégoire son indépendance, décidée à la reprendre s'il était nécessaire pour contraindre le souverain à la résidence. Mais si Grégoire XI éprouva quelques velléités de retour en France, la maladie ne lui donna point le temps de les réaliser ; il mourut au Vatican le 27 mars 1378.

(1) On peut voir sur Catherine de Sienne l'étude de M. Emile Gebhart dans l'ouvrage intitulé : *Moines et Papes, essais de psychologie historique.*

Aux termes des Constitutions de Grégoire X et de Clément VI, le Conclave devait s'ouvrir le dixième jour. A cette époque où les communications étaient fort lentes, la brièveté de ce délai ne permettait pas aux cardinaux qui n'avaient point assisté à la mort du Pape, de prendre part à l'élection de son successeur. Au départ de Grégoire XI pour l'Italie, six étaient restés en Avignon ; un autre, Jean de La Grange, évêque d'Amiens, confident de Charles V, était chargé d'une mission en Toscane. Sur les seize présents à Rome, quatre seulement étaient italiens : Pierre Corsini, de Florence, évêque de Porto ; François Tibaldeschi, Romain, archiprêtre de Saint-Pierre ; Simon Brossano, archevêque de Milan ; et Jacques Orsini de la puissante famille guelfe de Rome. Tous les autres, à l'exception de l'Aragonais Pierre de Luna, étaient français ; ils se partageaient d'ailleurs en deux factions, dites l'une française, l'autre limousine : cette dernière était composée de prélats nés dans les provinces du massif central, d'où étaient sortis, depuis quarante ans, Urbain V excepté, les Papes d'Avignon (1).

Malgré les divisions du Sacré-Collège, les Romains pouvaient craindre que la majorité canonique ne se formât sur le nom d'un ultramontain ; c'était ainsi que l'on désignait, par rapport à Rome, les cardinaux étrangers à l'Italie (2). Or, les Romains n'en voulaient pas ; ils n'avaient jamais perdu le souvenir de leur ancien rôle dans les élections pontificales et ils entendaient l'exercer à nouveau. Sitôt qu'ils avaient appris la mort du Pape, les bannerets ou chefs élus de la milice s'étaient, avec la complicité du sénateur, fait remettre les clés des portes

(1) Voir la liste des cardinaux dans Christophe, *Histoire de la papauté pendant le* xive *siècle*, t. III. p. 2-3.

(2) A l'exemple des historiens contemporains du schisme, nous prendrons ce mot dans le sens italien ; il désignera donc, en général, les Français.

de la ville, ils avaient cassé les officiers pontificaux, expulsé les nobles favorables au Sacré-Collège et introduit dans Rome des montagnards de la Sabine ou des pâtres de la Campagne romaine qui campaient en armes au milieu des ruines. Des bandes de Transtéverins allaient trouver à la porte des églises les cardinaux ultramontains et, après les avoir suppliés en termes très humbles d'élire un Italien, les menaçaient de mort s'ils n'obéissaient pas à leurs vœux.

Cependant les cardinaux n'étaient point sans défense. Le château Saint-Ange, forteresse presque imprenable à cette époque, était gardé par un capitaine français : plusieurs centaines de lances bretonnes, à la solde de l'Eglise, guerroyaient dans les environs de Spolète. En prévision des troubles qui pouvaient suivre sa mort, Grégoire XI avait, par une bulle en date du 19 mars, libéré le prochain Conclave des formalités de temps et de lieu ordinairement requises. Mais, soit que les cardinaux n'aient vu dans ces troubles qu'une forme un peu plus violente de l'anarchie habituelle aux interrègnes pontificaux, soit plutôt qu'ils n'aient pu parvenir à s'entendre, ils ne prirent aucune mesure pour assurer la liberté du Conclave. Ils abandonnèrent aux Romains la garde de la Cité léonine dont un des bannerets fut nommé capitaine (1).

C'est dans ces conditions d'insécurité que les cardinaux entrèrent en Conclave le soir du 7 avril. La plus grande partie de Rome s'était portée sur la place Saint-Pierre, sur le parvis et les degrés de la basilique et jusque sur le toit des maisons avoisinantes. Au passage des cardinaux ultramontains, quelques-uns suppliaient : « Miséricorde ! un Pape romain », « Pitié ! un Pape italien ». D'autres les saluaient d'injures et de menaces : « Nous le voulons Romain, ou au moins Italien ; sinon, « par la Crucifixion de Dieu, tous ces Français seront

____

(1) Valois, *La France et le Grand Schisme d'Occident*, I, p. 8-19.

« coupés en morceaux, et les cardinaux les premiers. »
Et lorsque le Sacré-Collège fut réuni dans l'enceinte
du Conclave, il dut, avant d'en murer les portes, écouter
les sommations respectueuses des chefs des treize quar-
tiers de Rome, les *caporioni* qui déclaraient, un genou
en terre, ne point répondre de la vie des cardinaux, si
un ultramontain était élu.

La nuit ne fut troublée que par les chants et les cris
des Romains qui pillaient les celliers du Vatican et bu-
vaient joyeusement le vin du Pape. Mais le lendemain
matin, tandis que les cardinaux étaient réunis à la chapelle pour entendre la messe, le tintement sinistre du
tocsin retentit d'abord au Capitole, puis tout près d'eux
à Saint-Pierre. En même temps, par le guichet ouvert
aux messages de l'extérieur, l'un des gardiens du Conclave, Guillaume de La Voulte, évêque de Marseille, sup-
pliait les cardinaux d'obéir au peuple pour sauver l'existence des nombreux Français de la Cour pontificale.
Les cardinaux ne montrèrent pas le courage qu'exigeait la dignité de leur mission. Ils chargèrent Orsini,
doyen des cardinaux-diacres, et Romain lui-même, de
promettre à ses compatriotes qu'ils auraient satisfaction
dans la journée.

Lorsque le tumulte eût été momentanément apaisé par
cette promesse, Orsini proposa de couronner, pour
tromper le peuple, un simple franciscain, et de renvoyer
la véritable élection à une époque où la liberté du Conclave serait assurée. Cette proposition fut écartée, et l'un
des cardinaux limousins mit en avant le nom de l'archevêque de Bari, Barthélemy Prignano. Ce prélat était
considéré comme l'un des plus savants et des plus saints
de la Curie pontificale ; selon le mot d'un de ses partisans (1), « il eût passé pour digne du Pontificat s'il ne
l'avait jamais obtenu ». Il ne faisait point partie du

---

(1) Thierry de Niem dans son : *Tractatus de scismate.*

Sacré-Collège ; mais l'usage ne restreignait pas comme aujourd'hui le choix du Conclave. Le prédécesseur de Grégoire XI, et le plus pieux de tous les Papes d'Avignon, Urbain V, n'avait jamais reçu la pourpre cardinalice. D'ailleurs aucun des cardinaux italiens ne pouvait être élu : Corsini et Brossano, parce qu'ils représentaient des cités hostiles au Saint-Siège ; Tibaldeschi et Orsini, parce que le premier était trop âgé et l'autre, dont le nom effrayait comme un cri de guerre, trop jeune. Au contraire, Barthélemy Prignano était sujet, comme Napolitain, d'une princesse d'origine française ; il avait vécu longtemps en Avignon, où les Français s'étaient habitués à le traiter en compatriote. Son nom avait été souvent prononcé par des cardinaux français ou limousins, qui prévoyaient l'impossibilité d'une entente entre les différentes fractions du Sacré-Collège ; même dans un Conclave régulier, il eût été l'un des plus *papables*.

Cela explique comment toutes les voix, sauf celle d'Orsini, purent se réunir sur son nom. A la vérité, deux cardinaux, dont celui de Florence, avaient désigné d'autres prélats, avant de donner leur accession à l'archevêque de Bari ; deux ou trois autres avaient protesté contre la violence qui leur était faite par les Romains. Par contre, plusieurs Français déclaraient qu'ils avaient la volonté de procéder à une élection véritable. Les Italiens se montraient en général plus hostiles, peut-être parce qu'ils se voyaient déçus dans leurs ambitions personnelles.

Cependant, pour s'assurer de l'acceptation nécessaire du nouvel élu, les cardinaux l'envoyèrent chercher en même temps que six autres prélats. Pendant le repas qu'ils prirent en commun, Bertrand Lagier, cardinal de Glandève, préparant dès lors une protestation, fit dresser acte de ce qu'il avait agi par peur de la mort. Mais, au sortir de table, treize des membres du Conclave s'étant rendus à la chapelle, l'un d'eux proposa de déclarer que l'élection de Barthélemy Prignano avait été réelle ; proposition à laquelle tous, ou presque tous, acquiescèrent.

En ce moment, les Romains, las de leur sagesse momentanée, attaquaient les portes du Conclave à coups de haches. Le nom de l'archevêque de Bari, que, prononcé à la française, ils prirent pour celui d'un prélat limousin, augmenta leur irritation. Quand ils envahirent le Conclave, dont l'évêque de Marseille avait abandonné les clés, ce n'était plus un Pape italien, mais un Pape romain qu'ils exigeaient. Alors, tandis que le cardinal de Genève, personnellement désigné à leur colère par le souvenir du sac de Césène, se confessait dans la chapelle, d'autres, pour faire croire à l'élection du Romain Tibaldeschi, le revêtaient, malgré sa résistance, de la chape rouge. Croyant que les dénégations du vieillard étaient produites par la crainte du Pontificat, les émeutiers l'obligèrent à recevoir leurs hommages, pendant que les cardinaux s'échappaient l'un après l'autre du Conclave. Six se réfugièrent au château Saint-Ange ; quatre, dont Orsini, franchirent les remparts de Rome ; les autres Italiens rentrèrent tranquillement chez eux. Un Français, le cardinal de Glandève, sauvé de la mort par ses paroissiens de Sainte-Cécile, fut conduit par eux jusqu'au couvent des Franciscains du Transtévère. L'Aragonais Pierre de Luna, qui seul avait montré du courage pendant l'émeute, refusa l'abri qui lui était offert au château Saint-Ange, pour regagner, sous l'escorte d'une foule hurlante, son domicile situé près du Capitole.

Lorsque les Romains, détrompés enfin par le cardinal Tibaldeschi, avaient appris la comédie qui s'était jouée devant eux, abandonnant leur fantôme de Pape à demi-mort de fatigue et de frayeur, ils avaient couru chercher Barthélemy Prignano. Mais celui-ci refusa d'accepter leurs hommages, tant qu'il n'aurait pas été averti régulièrement de son élection. Il passa la nuit au Vatican ; et le matin, lorsque l'orgie qui suivit le pillage du palais eut calmé l'émeute, il fit appeler les cardinaux. Six d'entre eux accoururent ; ceux qui s'étaient enfermés au château Saint-Ange refusèrent tout d'abord d'en sortir ; puis, après une démarche personnelle du sénateur, ils se décidèrent, peut-être pour ne point compromettre la sécurité de leurs serviteurs, à rejoindre leurs collègues. L'acceptation de l'élu fut sollicitée et accordée dans les formes canoniques ; il choisit le nom d'Urbain VI, que le plus ancien des diacres présents annonça au peuple, d'une des fenêtres du Vatican, par la formule traditionnelle. Les cardinaux qui avaient fui hors de Rome y rentrèrent, et le jour de Pâques, 18 avril, tous les membres du Conclave assistèrent au couronnement du Pape par le cardinal Orsini. Selon l'usage, ils notifièrent aux souverains chrétiens, par lettres collectives, l'élection d'Urbain VI (1).

Cette élection avait-elle été libre ? Bien que les partisans d'Urbain VI aient essayé, en jouant sur la ressemblance des mots (*non violentia sed vinolentia*), de faire passer l'émeute du 8 avril pour la manifestation tumultueuse de quelques ivrognes, la pression exercée ce jour-là par les Romains sur les cardinaux est certaine. Suffisait-elle à vicier le vote ? On peut observer qu'elle n'a point été faite en faveur de Barthélemy Prignano, mais seulement contre les ultramontains ; les cardinaux jouirent d'une certaine liberté dans le choix du Pape, puisqu'ils purent le chercher dans toute l'Italie et qu'ils le prirent précisément hors de Rome. D'autre part, le Conclave de 1378 n'est pas le seul où la turbulence du peuple ou, ce qui est pire, la pression raisonnée d'un pouvoir stable ait entravé la liberté des électeurs ponti-

______

(1) Valois, I, p. 35-62 ; Rinaldi, an. 1378 ; Gayet ; Salembier ; Souchon, etc...

ficaux. Un siècle plus tôt, en 1281, lorsque les cardinaux étaient réunis à Viterbe, sous la protection trop étroite de Charles d'Anjou, pour désigner un successeur à Nicolas III, le podestat guelfe, Riccardo Annibaldi, avait fait, avec l'approbation du roi, envahir le Conclave par la populace et traîner en prison les deux cardinaux Orsini, neveux du pape défunt, qui favorisaient alors le parti gibelin. Un Pape français, Martin IV, sortit de ce Conclave dont la majorité était italienne. Il est vrai que le nouvel élu refusa longtemps la dignité qui lui était offerte par force et que lorsqu'il l'eût enfin acceptée, son premier acte fut de fulminer l'interdit contre la cité rebelle ; il racheta depuis par sa sainteté l'irrégularité de son élection (1).

Mais Urbain VI n'avait pas les vertus de Martin IV. Dès le lendemain de son couronnement, il parut changé : « Il y avait en lui, écrit saint Antonin (2) « une nature inquiète et dure. Elevé contre toute espé- « rance au faîte d'une si haute dignité, il se mon- « tra intolérable. Point de faveur pour les Pères « qui l'avaient élu, point de douceur, rien pour se « concilier les esprits ; menaçant et rude, il préférait « inspirer la crainte et l'éloignement que l'affection. » Il reprochait aux cardinaux le faste exagéré de leur maison et leur continuelle absence des diocèses dont ils étaient titulaires. Ces reproches étaient en partie justifiés, mais la violence avec laquelle ils étaient formulés, les épithètes de « sot » ou de « traître » dont ils étaient accompagnés manquaient de convenance. D'ailleurs le nouveau Pape, si sévère aux ultramontains, réservait ses trésors d'indulgence pour les méfaits de ses favoris italiens et pour les crimes de son neveu, François Butillo. Cependant les cardinaux ne laissaient pas de traiter

(1) Rinaldi, an. 1281.
(2) *Summa historialis*, pars. 3, tit. XXII, cap. 11.

Urbain comme s'il était véritablement Pape. Le cardinal d'Amiens, Jean de La Grange, revenu de sa mission en Toscane, alla lui rendre, le 25 avril, l'hommage accoutumé. Reçu par l'accusation de trahison, il s'emporta jusqu'à répondre : « Si vous étiez encore l'archevêque « de Bari, je vous dirais que vous en avez menti par la « gorge. »

L'irritation que Jean de La Grange conserva de cette querelle l'unit à ceux des cardinaux qui, jugeant leur vote du 8 avril vicié par les menaces des Romains, avaient dès lors l'intention de procéder en un lieu tranquille à une nouvelle réélection ; mais, du moins ils l'ont dit plus tard pour expliquer leur attitude des premiers jours, ils pensaient réélire Urbain.

Dès les premiers jours de mai, moins d'un mois après le couronnement, deux Limousins quittèrent Rome sous prétexte de fuir les chaleurs de l'été après avoir d'ailleurs obtenu du Pape l'autorisation de s'éloigner. En refusant d'acquitter les dettes de son prédécesseur, Urbain venait de s'aliéner les sympathies d'un des plus puissants seigneurs du Patrimoine de Saint-Pierre et du royaume de Naples, Onorato Caetani, comte de Fondi ; par représailles, celui-ci offrit sa ville d'Anagni comme refuge aux cardinaux. Les ultramontains s'y rendirent l'un après l'autre ; à la fin de juin, ils étaient tous les treize réunis, et d'autant plus irrités contre le Pape, que, dans une audience accordée en leur présence aux bannerets, celui-ci avait déclaré son intention de créer des cardinaux romains et italiens en telle quantité qu'ils l'emporteraient sur les Français.

Dès lors, les cardinaux agissent en leur nom propre, comme si le pontificat était vacant. Ils font alliance avec le comte de Fondi et les routiers bretons. Ils envoient des messages aux princes, que certains ambassadeurs, choisis sur leur présentation par Urbain VI pour notifier son élection, avaient avertis des circonstances douteuses de cette élection. Comprenant alors seulement le danger de ses violences, Urbain VI tenta vainement d'amener une réconciliation : trois des cardinaux italiens, envoyés par lui aux ultramontains, se laissèrent gagner par les remontrances de leurs collègues ; ils vinrent cependant retrouver Urbain, mais pour se retirer quelques jours plus tard, dans le château de Vicovaro, domaine du cardinal Orsini, où ils attendirent les événements. Ceux-ci se précipitaient. Délivrés de toute crainte par l'arrivée de routiers Bretons qui avaient écrasé les milices romaines au Pont Salaro, les cardinaux adressaient au Pape, le 20 juillet, une lettre très violente pour le sommer de renoncer à ses prétentions ; puis le 2 août, dans une déclaration publique (1), ils racontaient l'émeute qui avait vicié l'élection du 8 avril ; le 9 août, ils faisaient lire et afficher aux portes de la cathédrale d'Anagni, une encyclique par laquelle ils anathématisaient « l'archevêque de Bari » comme intrus et déclaraient le Saint-Siège vacant.

La publication de cette encyclique, suivant de près le départ des cardinaux italiens, jeta le désarroi dans la curie romaine ; presque tous les curiaux français et un grand nombre d'Italiens qui avaient été choisis sur la désignation des cardinaux, abandonnèrent le Pape pour rejoindre le Sacré-Collège. Urbain, auprès duquel il ne restait que quelques prélats anglais ou allemands, perdait en même temps l'un de ses plus sûrs appuis par la mort du seul cardinal qui lui fût resté fidèle, le Romain Tibaldeschi, celui-là même auquel on avait imposé la tiare le 8 avril pour tromper le peuple. La reine Jeanne de Naples se déclarait en faveur des cardinaux, soit qu'elle eût été gagnée à leur cause par les déclarations de Jacques Orsini, soit qu'elle partageât le ressentiment de son mari, Othon de Brunswick, froissé par Urbain.

____

(1) Publiée par CHRISTOPHE, t. III, pièce just. n° 3.

Dans Rome même, le Pape était obligé de s'enfuir à Sainte-Marie du Transtévére par crainte des boulets que les bombardes du château Saint-Ange faisaient pleuvoir sur le palais du Vatican. Et ce n'était point la fidélité du peuple, qui se manifestait par le pillage des hôtels des cardinaux et le massacre de leurs partisans, qui pouvait consoler le Pape de cet abandon presque universel. Cependant, soutenu par les exhortations d'une sainte, Catherine de Sienne, il tint tête à l'épreuve. En un seul jour, le 18 septembre, pour remplacer les cardinaux rebelles qu'il excommunia, il en créa vingt-neuf autres dont un prince du sang de France, Philippe d'Alençon : il devait voir quelques-uns des prélats qu'il élevait à cette dignité, refuser la pourpre pour se joindre à ses adversaires.

Le surlendemain, 20 septembre, alors qu'ils n'avaient pas encore connaissance de cette création de nouveaux cardinaux, les anciens membres du Sacré-Collège, assurés par un message de Charles V des bonnes dispositions de la France, étaient entrés en Conclave, à Fondi, où ils s'étaient retirés, trouvant Anagni trop près de Rome. Aux ultramontains s'étaient joints les trois cardinaux italiens, attirés peut-être par l'espoir de la tiare, qui aurait été promise individuellement à chacun d'eux. Leur ambition fut trompée; car dès le premier scrutin, toutes les voix des ultramontains, sauf une, celle de l'élu, se portèrent sur Robert de Genève, ancien évêque de Cambrai et cardinal-prêtre des Douze-Apôtres (1). Frère du comte de Genevois, apparenté à la maison de Savoie, descendant par les femmes des rois de France, le nouvel élu brillait plutôt par les qualités qui font les grands politiques que par les vertus qui font les saints. Aux prières des moines, il préférait le luxe des cours dans lequel sa haute naissance l'avait fait vivre et le fracas des

____

(1) VALOIS, I, p. 74-82, Rinaldi, Gayet, Souchon, Salembier, etc.

armes qu'il avait souvent dirigées comme légat. Dans la dernière révolte des Romagnes, il s'était acquis, en tolérant le sac de Césène, une réputation sanglante par toute l'Italie. Le nom de Clément VII qu'il choisit devait rappeler le souvenir du plus fastueux des Papes d'Avignon.

D'Urbain VI ou de Clément VII, quel était le pape légitime? La discussion souvent répétée porte exclusivement sur ce point : le choix fait par les cardinaux le 8 avril a-t-il été librement consenti ou bien dicté par la peur? L'Eglise n'a condamné aucune des deux thèses; mais la liste officielle de la *Gerarchia cattolica* porte les noms d'Urbain VI et de ses successeurs; et lorsque, au commencement du xvie siècle, Jules de Médicis voulut reprendre le nom de Clément, il s'intitula septième du nom, ne comptant point Robert de Genève au nombre de ses prédécesseurs. Tous les annalistes en quelque sorte officiels de l'Eglise ont pris, à la suite d'Odorico Rinaldi, parti pour le Pape de Rome. Par contre, aux beaux temps du Gallicanisme, le Clergé de France admettait officiellement la légitimité de Clément VII. Aujourd'hui, bien que Clément compte encore des partisans, le plus grand nombre des historiens reconnaissent Urbain; quelques-uns, comme M. Noël Valois, évitent de se prononcer. C'est ce dernier parti qui semble le plus sage historiquement : car, quelle que soit la force des arguments qui militent en faveur de la légitimité d'Urbain, l'accord unanime ou presque unanime des cardinaux, lesquels savaient assurément mieux que personne ce qui s'était passé au Conclave, pour contester cette légitimité, laissera toujours quelque doute dans les esprits de ceux qui recherchent la certitude.

Quelle que soit d'ailleurs l'opinion que l'on croie devoir adopter, il est impossible d'excuser les cardinaux français d'avoir eu, le 8 avril, trop de crainte pour leur vie et de n'en avoir pas eu assez, le 20 septembre, pour l'unité de l'Eglise.

III

L'UNION RECHERCHÉE PAR LA VOIE DE FAIT (1379-1394)

Si la personne du véritable Pape pendant cette triste époque est de nos jours encore entourée d'ombre, à plus forte raison était-il difficile de la découvrir alors que la vérité était obscurcie par tant de passions vivantes. Les fidèles se divisaient, se battaient parfois pour l'un ou l'autre des prétendants à la Papauté, mais tous s'accordaient à reconnaître qu'un seul était légitime. Ils ne croyaient pas davantage que l'Eglise pût réaliser l'unité en dehors de son chef ; et si quelques esprits rebelles, imbus des idées de Wiclef et de Jean Hus, émirent cette théorie, ils furent pour cela retranchés de l'Eglise par le Concile de Constance. Cette croyance à l'indivisibilité du Souverain Pontificat, qui constitue en fait l'unité de l'Eglise pendant le schisme, se trouve très exactement exprimée dans la protestation suivante rédigée en 1383 par le duc de Bretagne, Jean de Montfort : « Comme un « vrai et parfait catholique, je crois en un seul Dieu véri- « table, en la Sainte Eglise catholique et en un seul et « unique Pape, vicaire du Christ et successeur de Pierre « sur la terre ; je veux consacrer tout mon cœur et toutes « mes forces à maintenir, défendre et conserver l'union « de notre Sainte Mère l'Eglise, et lorsque j'aurais été « exactement informé de la véritable origine du schisme, « je veux me déclarer absolument et sans fiction pour ce- « lui que je saurais être vrai Pape, élu canonique- « ment (1). »

(1) VALOIS, II, p. 373, note 3.

Assurément tous les pasteurs du peuple, princes ou évêques, ne montrèrent point dans leur détermination, le même courage ou la même prudence que le duc de Bretagne. Au lieu de se maintenir dans une attitude expectante, qui eût été certainement plus équitable et peut-être plus sage, la plupart se crurent obligés de se déclarer pour l'un ou l'autre des prétendants. Et comme ils n'avaient pas toujours sur l'élection du 8 avril les, renseignements exacts, que d'ailleurs ils eussent été peu aptes à discuter, ils basèrent trop souvent leurs convictions sur des sympathies personnelles. Il ne faudrait pas croire cependant que les rois aient pu, par un simple acte de leur bon plaisir, jeter leurs sujets dans l'obélience de l'un ou l'autre Pape. S'il est malheureusement quelques princes, comme le margrave de Bade ou Léopold d'Autriche qui vendirent leur soumission au plus offrant, d'autres organisèrent des enquêtes minutieuses, dépêchèrent de Rome en Avignon des ambassades de clercs et de légistes, interrogèrent les Universités, surtout Bologne la juriste et Paris la théologique, présidèrent des séances solennelles où les représentants des deux Papes furent admis à démontrer le droit de leur maître. En Flandre, en Castille, en Irlande, et plus tard en Aragon (1387), en Navarre (1390), des assemblées générales du clergé furent réunies pour décider quel était le vrai Pape.

Sans doute la détermination de ces assemblées, comme celle des princes, ne fut pas toujours dictée exclusivement par l'examen de l'élection contestée. Mais si quelque considération étrangère influa sur l'esprit des juges, ce ne fut pas tant l'intérêt politique proprement dit que la pression des sympathies nationales. C'est ainsi que l'empereur Charles IV de Luxembourg, bien qu'allié de la France, aurait été porté, même si la légitimité d'Urbain VI ne lui avait point paru ressortir de la première attitude des cardinaux, à le reconnaître parce que ses sujets ne voulaient plus d'un Pape français. Après lui, les pays de langue germanique ou de langue slave, c'est-à-dire : la plus grande partie de l'Empire, les royaumes Scandinaves, la Pologne, l'Angleterre et même la Flandre conservèrent l'obédience d'Urbain VI, vers lequel se tournaient, dans toute l'Italie, les espérances du peuple, sinon des princes. Au contraire, la France et l'Ecosse se déclarèrent dès les premiers jours pour Clément VII. L'Espagne hésita quelque temps avant de les suivre ; et sans l'appui que l'éloquence enflammée du dominicain Vincent Ferrier apporta à la diplomatie du cardinal légat Pierre de Luna, les visions de l'infant Pierre d'Aragon, que le peuple vénérait à l'égal d'un saint parce qu'il avait quitté les marches du trône pour revêtir la bure franciscaine, auraient peut-être entraîné l'Aragon dans l'obédience de Rome (1).

Mais tandis que ces discussions se poursuivaient pacifiquement par toute l'Europe, dans les Etats romains le sang avait coulé. La fortune des armes fut contraire au Pape français : un même jour (30 avril 1379) vit la défaite de ses Bretons à Marino et la reddition de la garnison française du château Saint-Ange. Clément alla rejoindre la reine Jeanne. Mais le peuple napolitain, qui avait épousé avec sa fougue ordinaire la querelle de son compatriote, assiégea le château de l'Œuf, où le Pape français s'était réfugié, aux cris de « Vive le Pape Urbain ! » « Mort à l'antéchrist ! ». Clément s'en revint à Sperlonga près de Gaète, d'où, sur les instantes prières de ses cardinaux, pour lesquels le climat comme les habitants de l'Italie semblaient toujours recéler quelque trahison, il s'embarqua pour la Provence. Reçu triomphalement en Avignon par le peuple et les six cardinaux que Grégoire XI y avait laissés (20 juin 1379), il dut croire un instant renouée la lignée somptueuse des

____

(1) VALOIS, t. I et II, *passim*.

Papes français. Mais la chaîne était brisée : la moitié orientale de la chrétienté obéissait à un autre ; et le retour de Clément en Avignon, loin d'augmenter son pouvoir, creusait plus profonde la séparation des deux obédiences.

Cependant les rares esprits qui avaient eu assez de sagesse pour conserver leur indépendance discutaient les moyens de rétablir l'union. Le plus simple semblait de réunir les représentants de l'Eglise en un Concile général qui serait appelé, non pas à juger le Pape, mais à discerner la personne du véritable élu. C'était la voie préconisée dans une déclaration adressée à tous les fidèles par les trois cardinaux italiens qui, depuis le Conclave de Fondi, s'efforçaient, sous l'influence d'Orsini, de garder la neutralité entre les deux partis. La seigneurie de Florence, le comte de Flandre et même le roi de Castille, avant de se déclarer pour Clément, parurent d'abord approuver leur projet.

Mais l'adhésion la plus importante fut celle de l'Université de Paris. Par la discorde de ses suppôts qui, originaires de divers pays, apportaient dans le fait du schisme leurs préjugés nationaux, celle-ci comprit la nécessité de rétablir promptement la paix. Plusieurs épîtres ou traités furent publiés, dans son sein, par des docteurs de langue allemande pour établir la supériorité de la voie de Concile (1). Dans le même but, un jeune maître français, qui devait, pendant le schisme, s'élever aux plus hauts sommets de la hiérarchie ecclésiastique, Pierre d'Ailly, mit sur les lèvres de Léviathan, par un artifice de langage usuel à l'époque, des invectives contre les partisans du Concile (2). Dès que la mort de Charles V et la minorité de son fils lui eurent laissé quelque apparence

---

(1) *Epistola pacis* et *Concilium pacis* de Henri de Langenstein ; *Epistola concordiæ* de Conrad de Gelnhausen.

(2) *Epistola Leviathan ad pseudoprelatos Ecclesie pro scismate confirmando.*

de liberté, l'Université entière se prononça pour la voie approuvée par ses suppôts (20 mai 1381). La « fille aînée du roi » s'enhardit jusqu'à porter à la Cour de « respectueuses remontrances ». Mais les princes, qui entretenaient d'étroites relations avec le Pape d'Avignon, reçurent fort mal ces remontrances. L'Université reçut la défense de s'occuper du schisme. Les suppôts étrangers, fuyant les ordres de Clément, allèrent, au grand détriment de l'influence française, fonder à Heidelberg et à Cologne de nouvelles écoles, où ils enseignèrent la science qu'ils avaient apprise à Paris (1).

Quelles que fussent les louables intentions des partisans du Concile, il faut reconnaître que leur projet n'était pas aussi facilement réalisable qu'ils le croyaient. En effet, d'après la doctrine universellement admise par les catholiques, un Concile, pour mériter le titre de général, doit être convoqué par le Pape. Comme les prétentions des deux Papes étaient également douteuses, il fallait donc, pour que l'autorité du Concile puisse être reconnue sans contestation par toute la chrétienté, qu'il fût convoqué par tous les deux à la fois. Or, c'était précisément à cela que ni Urbain, ni Clément ne voulaient consentir. Et ils n'y pouvaient consentir : car, pour l'un et l'autre, également convaincus de leur légitimité, l'adversaire était l'intrus, l'antipape, le « membre du diable », comme disait Urbain en son pittoresque langage, qu'ils avaient excommunié nominalement. Et, sans parler de l'interdiction de communiquer avec les excommuniés qui subsistait encore dans le droit canon, la dignité de l'Eglise s'opposait à ce que son chef légitime et son plus dangereux ennemi fussent traités avec les mêmes honneurs par les représentants de la chrétienté.

L'unique solution satisfaisante en droit, c'était la soumission du rebelle. Or, pour obtenir cette soumission,

____

(1) Valois, I, livre II, ch. 1.

deux voies se présentaient : la persuasion (il n'y fallait point songer) et la force. Cela explique pourquoi, s'ils restaient logiques dans la situation illogique que les circonstances, la dureté de l'un et l'ambition de l'autre avaient faite, les deux Papes devaient se prononcer pour la « voie de fait », c'est-à-dire l'invasion armée des Etats de l'adversaire et son incarcération jusqu'au jour où, abandonné de tous, il serait contraint d'abdiquer. Et il semble bien que Clément comme Urbain conservèrent toute la vie à cette voie de fait leurs préférences, bien qu'ils aient dû parfois les dissimuler pour ne point contrarier la politique des princes.

Cette idée d'un appel aux armes pour trancher des questions purement religieuses, qui choque nos préjugés contemporains, était admise par les esprits les plus éclairés du xive siècle. Le sage confident de Charles V, Philippe de Maizières, enseignait comme un devoir, à la Cour de France, de rétablir par la force l'unité de l'Eglise (1). Et si l'on considère la grandeur du but poursuivi, pourquoi la guerre entreprise en vue d'établir le règne de la justice ou ce que l'on croit tel ne serait-elle pas aussi légitime que celle qui vise une rectification de frontière ?

Le royaume de Naples, dont la soumission assurait celle de Rome, fut l'objectif principal des deux Papes. Sur la recommandation de Clément, la reine Jeanne qui n'avait point d'héritier désigna pour lui succéder Louis d'Anjou, frère de Charles V. A ce prince français, Urbain suscita un rival en la personne de Charles de Durazzo, neveu du roi de Hongrie et descendant au même degré que Jeanne, de la première maison d'Anjou. Les deux prétendants, comblés des bénédictions rivales des deux Pontifes, puisèrent à pleines mains dans les caisses de l'Eglise, mais ils sacrifièrent l'un et l'autre les intérêts

(1) Dans le *Songe du vieil pèlerin*.

de leur suzerain à leur ambition de régner. Charles plia
par sa promptitude les événements à sa volonté. Introduit dans Naples presque sans combat par la révolte des
Urbanistes, il s'empara de la reine (25 août 1381) et,
après l'avoir fait secrètement assassiner, il ordonna dans
tout le royaume des services solennels pour le repos de
l'âme de sa victime. Louis ne descendit en Italie que
deux ans plus tard avec plus de soixante mille hommes ;
après avoir vu son armée fondre au soleil de Naples et
dans les fatigues d'une guerre trop lente, atteint lui-
même de la fièvre, il mourut, le 21 septembre 1384, dans
la ville de Bari qu'il avait soumise avec quelques autres
places des côtes orientales.

Urbain, sentant que le sort de la Papauté se jouait
dans les montagnes des Abruzzes, s'était, malgré la résistance des cardinaux, transporté à Naples, pour enflam-
mer le zèle de son défenseur. Mais, du jour où il se re-
mit entre les mains du prince hypocrite dont il avait fait
un roi, sa vie ne devait plus être qu'un long calvaire.
Tour à tour enfermé dans le Château-Neuf par son vas-
sal, délivré par crainte du peuple, menacé dans sa liberté et dans sa vie par une conspiration du Sacré-
Collège, assiégé dans la citadelle de Nocera, l'ancien
repaire des Sarrasins de Frédéric II, par une armée napolitaine que commandait l'un de ses cardinaux, il dut,
après avoir fulminé l'excommunication contre ses alliés
de la veille, acheter le secours des condottieres Angevins.
Ceux-ci l'escortèrent jusqu'au littoral de l'Adriatique,
près duquel des galères génoises l'attendaient, non sans
s'être demandé en chemin s'ils n'auraient point profit à
le vendre à Clément VII. Les tribulations du malheureux Pontife ne devaient point s'arrêter aux portes de
Gênes. Prié respectueusement par le doge de s'éloigner,
il erra deux ans à travers la Toscane et l'Ombrie avant
de rentrer à Rome pour y subir une nouvelle révolte de
ses sujets. C'est là qu'il s'éteignit, le 15 octobre 1389,

abandonné par un grand nombre de ses familiers que sa manie des soupçons et son amour de la justice sommaire effrayaient : en ce moment même, la Cour d'Avignon organisait des fêtes somptueuses pour recevoir le roi de France et le jeune fils de Louis d'Anjou, qui venait demander au Pape la couronne royale avant de s'embarquer pour Naples, où le peuple, las des Durazzo, l'appelait (1).

Mais les cardinaux urbanistes, fidèles à la mémoire de leur maître, ne voulurent point s'occuper de ce Pape et de ce Sacré-Collège français qu'ils considéraient, peut-être avec raison, comme schismatiques. Selon le règlement ancien, ils entrèrent en Conclave le dixième jour pour élire le 2 novembre Pierre Tomacelli, cardinal de Naples, qui se fit appeler Boniface IX. Bien que le nom choisi rappelât le souvenir, encore vivace en Italie, de cette triste journée du 7 septembre 1303, où l'on avait vu les agents du roi « fleurdelysé entrer dans Anagni » et tenir « en la personne de son vicaire le Christ prisonnier (2), » le nouvel élu ne devait point imiter l'intransigeance brutale de son prédécesseur. Autant Urbain avait paru atrabilaire, dangereux à ses amis, utile à la cause adverse par ses violences, autant Boniface devait se montrer affable, conciliant, et quoique jeune et peu versé dans les sciences, habile à gouverner les hommes. Son premier acte fut de rendre leurs titres aux nombreux prélats frappés, justement ou non, par les rancunes d'Urbain ; le cardinal de Ravenne, qui avait déjà trahi Urbain pour Clément, mérita une troisième fois le chapeau en trahissant Clément pour Boniface (3).

A la force des armes, le nouveau Pape préférait les négociations. Au lieu de fulminer des anathèmes contre le roi de France, il lui écrivit pour le conjurer de travailler à l'union. Pour accentuer le caractère religieux de ce message, il choisit comme nonces deux chartreux italiens de sainte réputation. Ces religieux passèrent par Avignon, où Clément les combla de présents et de bonnes paroles, pour retarder leur mission. Charles VI ne voulut prendre envers eux aucun engagement, mais il leur adjoignit deux français du même ordre pour porter à Boniface ses salutations. Ainsi se trouvaient renouées officieusement les négociations entre Rome et Paris.

L'Université profita de la présence des Chartreux pour obtenir du roi l'autorisation d'ouvrir une enquête sur les moyens d'éteindre le schisme. Un tronc fut placé dans le cloître des Mathurins pour recevoir, sur ce fait, les avis anonymes ; il s'en trouva plus de trois mille, entre lesquels le travail de dépouillement dégagea trois voies principales : le « Concile général », la « double cession», c'est-à-dire la démission simultanée des deux Papes, et le « compromis » ou la désignation par les deux partis de plusieurs arbitres destinés à reconnaître la personne du véritable élu. Mais lorsque l'Université voulut faire connaître à la Cour le résultat de son enquête, elle reçut une fois de plus l'ordre de se taire. Son initiative, approuvée par le cardinal de Luna, légat de Clément VII, avait cependant porté quelques fruits. Charles VI écrivit directement à Boniface pour répudier la voie de fait ; et les cardinaux d'Avignon demandèrent à leur Pape de choisir entre les trois voies proposées par l'Université.

Depuis la mort de Louis d'Anjou, Clément VII, hanté par sa chimère de victoire, avait cru trouver le vengeur de sa cause dans le duc de Bourbon, puis dans le roi de France et, après la folie de celui-ci, dans le duc d'Orléans. Les déceptions successives qu'il avait éprouvées lui avaient-elles fait perdre toute espérance ? Après la volte-face de ses cardinaux, il semble avoir déclaré à sa mère et à quelques familiers qu'il était dans l'intention d'abdiquer. La mort qui le terrassa presque subitement quelques jours plus tard (16 septembre 1394) ne permet pas de nier qu'il fût sincère en parlant ainsi (1).

Avec lui succombait la voie de fait. Nous n'avons certainement pas à regretter qu'elle n'ait pas été mise à exécution. Par elle, l'unité eût peut-être été rétablie plus vite ; mais le sang de milliers de chrétiens catholiques massacrés au nom du Christ par d'autres chrétiens eût souillé d'une tache ineffaçable la tiare du vainqueur.

IV

L'UNION RECHERCHÉE PAR LA DOUBLE CESSION (1394-1408) SOUSTRACTION D'OBÉDIENCE

Lorsque le roi de France apprit la mort de Clément VII, il s'empressa d'écrire aux cardinaux. dont quelques-uns étaient ses sujets, pour les prier de différer la nouvelle élection. Mais quelle que fût la célérité du chevaucheur chargé du message royal, il n'arriva en Avignon que le soir de la fermeture du Conclave ; et les cardinaux refusèrent, conformément aux règles canoniques, de prendre connaissance des volontés du roi. Après avoir écarté la proposition émise par l'un d'entre eux de porter leurs suffrages sur Boniface IX, ils s'engagèrent par un acte solennel à suivre, s'ils étaient élus, toutes les voies utiles à l'union, même la voie de cession, au cas où la majorité du Sacré-Collège la jugerait nécessaire (2). Leur choix,

(1) VALOIS, t. I, p. 391-429.
(2) Voir le texte de cet engagement dans Christophe, III, pièce just. nᵒ 5.

qui favorisa l'Aragonais, Pierre de Luna (28 septembre 1394), sembla dicté uniquement par l'intérêt de l'Eglise. Savant, diplomate habile, d'une pureté de mœurs qui n'excluait pas le courage personnel, le nouveau Pape passait pour un partisan déterminé de l'union. Deux de ses électeurs pouvaient écrire au roi de France, en jouant sur le nom de Benoît XIII qu'il s'était imposé, que sa venue serait « benoîte et profitable pour toute la chrétienté ».

Malgré les nombreuses sympathies que Pierre de Luna s'était acquises pendant son séjour à Paris, le choix fait par le Sacré-Collège d'un étranger dut lever les hésitations que la Cour de France éprouvait avant de prendre nettement parti pour l'union, même si celle-ci devait s'accomplir au détriment du Pape d'Avignon. Pour la préparer, une assemblée du clergé, vrai Concile national, fut réunie le jour de la Chandeleur sous la présidence de Simon de Cramaud, patriarche titulaire d'Alexandrie. Des trois voies que le travail préliminaire de l'Université avait dégagées du fatras des avis contradictoires, elle écarta le Concile et le compromis pour adopter la double cession, qui sauvegardait en même temps l'honneur des deux partis et les droits imprescriptibles du Pape légitime ; car le fait de renoncer au Pontificat pour le bien de l'Eglise ne comportait ni l'aveu d'une irrégularité dans l'élection, ni la reconnaissance des prétentions de l'adversaire. Mais Benoît, respectueusement sollicité par une ambassade solennelle de trois ducs : Bourgogne et Berry, oncles du roi, et Orléans, son frère, de conformer sa conduite aux vœux du Concile, ne répondit, malgré l'avis de ses cardinaux, que par des tergiversation successives ; il se disait bien disposé à démissionner le jour où Boniface lui en donnerait l'exemple, mais il préférait une convention, une conférence des deux Papes, dans laquelle il espérait, par l'habileté de sa parole, faire préparer le triomphe de sa cause.

Avant de tenter une nouvelle démarche, la Cour, surprise de cette résistance inattendue, s'efforça, sur l'avis d'un nouveau Concile présidé par le duc d'Orléans, de concilier les puissances à la voie de cession. Deux princes de l'obédience de Rome, le chef de l'Empire, Wenceslas, roi des Romains (1), et le jeune roi d'Angleterre, Richard II, parurent répondre à l'appel de la France. Richard II joignit même ses députés à l'ambassade franco-castillane qui se rendait en Avignon, puis à Rome, pour solliciter la démission des deux Papes. Mais la réponse dilatoire de Boniface parut tellement semblable à celle de Benoît, que l'on put soupçonner l'existence d'une entente secrète entre les deux rivaux.

La France fit peser sur Benoît la responsabilité de cet échec. Au milieu des déclamations des Universitaires qui en appelaient au Pape futur des condamnations portées par Benoît, un troisième Concile de Paris réuni en 1398 vota, sous la pression des oncles du roi, la soustraction d'obédience qui fut promulguée par une ordonnance royale en date du 27 juillet. La France cesse de reconnaître aucun des deux Papes ; défense à tous, clercs ou laïques, sous peine d'encourir la colère royale, d'obéir aux ordres de Benoît ; plus de réserves, d'annates, ni de taxes quelconques payées aux agents du Pape ; plus d'absolutions ni de dispenses pontificales ; rétablissement des élections canoniques pour les évêchés et les bénéfices. Par là sont relevées ces « libertés de l'Eglise gallicane » dont le nom devait si souvent retentir dans notre histoire.

Quelle que fût la légitimité du but, l'unité religieuse, cherchée par la soustraction d'obédience, celle-ci n'en

______

(1) Le titre de « roi des Romains ». que les Empereurs portaient avant de recevoir la couronne des mains du Pape, ne leur donnait plus depuis longtemps aucune suzeraineté, même nominale, sur Rome.

était pas moins dangereuse parce qu'elle attentait aux droits du Souverain Pontificat dont la plus grande partie de la France croyait Benoît régulièrement revêtu et parce que, entre les deux factions qui désolaient l'Eglise, elle en créait une troisième, celle des neutres. D'ailleurs elle devait être le prélude des pires désordres. En recevant l'ordonnance de soustraction, les cardinaux qui, depuis l'élection de Benoît, semblaient plutôt les serviteurs du roi que ceux du Pape, s'étaient, à l'exception de cinq, retirés en terre française, à Villeneuve-lez-Avignon. Le parti français souleva en leur faveur la ville papale, dans laquelle ils rentrèrent aux cris de : « Vive Avignon, vive le Sacré-Collège ! ». Lorsque Geoffroy Boucicaut, frère du célèbre maréchal, leur eût apporté, avec des renforts, la certitude de l'approbation du roi, ils attaquèrent le Palais où le Pape avait réuni une centaine de soldats catalans. Mais Benoît ne savait point ce qu'était la peur. Assiégé par les cardinaux, les gens du roi et le peuple d'Avignon, atteint à l'épaule par les éclats d'un boulet un jour qu'il encourageait ses défenseurs à la résistance, contraint par le manque de vivres, après plus d'un an de siège, à solliciter la médiation du roi d'Aragon, obligé de licencier sa garnison, retenu prisonnier sous la sauvegarde du duc d'Orléans dans ce Palais d'où il pouvait parfois entendre les vociférations de la populace contre ses partisans que l'on menait au supplice, il opposa une résistance inébranlable aux exigences du roi et du Sacré-Collège (1). Selon l'expression imagée mais peu respectueuse, de l'un de ses partisans, il était « du pays des bonnes mules ; quand elles ont « pris un chemin, on les écorcherait plutôt que de les « faire retourner (2) ».

Loin de préparer la double cession, les avanies subies

----

(1) VALOIS, III, chap. I à III.
(2) VALOIS, III, 465.

par le Pape d'Avignon n'avaient d'autre résultat que d'encourager la résistance du Pape de Rome. De tous les pays qui reconnaissaient l'autorité de celui-ci, quelques cités de Flandre et quelques princes Rhénans avaient seuls imité la neutralité française. En profond politique, Boniface avait voulu, pour assurer son indépendance religieuse, affermir le pouvoir temporel, et les Romains si souvent rebelles, séduits par son habile diplomatie, avaient renoncé entre les mains du Pape à leur autonomie municipale. A Naples, il précipitait la chute de Louis d'Anjou pour élever en sa place, par des faveurs quelquefois contraires à la discipline ecclésiastique, le fils de Charles de Durazzo, Ladislas, héritier de tous les vices de son père. En Angleterre, Lancastre renversait et assassinait Richard II, le roi gagné à la politique religieuse de la France. Dans l'Empire, la diète de Francfort déposait le faible Wenceslas « pour n'avoir point travaillé à la paix de l'Eglise comme sa dignité d'avoué du Saint-Siège l'y obligeait ». Mais ce n'était point tant de son inaction que de ses négociations équivoques avec Benoît XIII qu'on lui faisait un grief. Boniface, pressenti sur les dispositions des électeurs, avait évité de donner un avis, mais il s'empressa de se concilier les faveurs du nouvel élu, Robert de Bavière.

Il semblait que la division dont souffrait l'Eglise gagnât tous les royaumes. En même temps que deux prétendants à l'Empire, il y avait deux rois d'Angleterre, deux rois de Naples et deux rois de Hongrie ; et si personne ne discutait les droits du pauvre fou qui portait la couronne de France, sous l'abri de son nom s'esquissait dès lors la terrible rivalité de Bourgogne et d'Orléans. A l'approche du Jubilé de 1400, cette discorde universelle, la nouvelle des victoires turques sur le Danube, jointes à la peste qui pendant la dernière année du XIVe siècle désola l'Occident, secouèrent la chrétienté d'un accès de mysticisme. En Italie, des villes entières, abjurant mo-

mentanément leurs querelles intestines, s'en allaient
processionnellement, vêtues d'habits blancs et chantant
le *Stabat*, jurer aux villes rivales des trêves perpétuelles,
qu'elles rompaient trois mois plus tard (1). En Ecosse,
en Espagne et dans les pays soumis au malheureux Pape
d'Avignon, des illuminés se déclaraient prophètes,
chargés par Dieu de menacer les peuples de sa colère.
En France, les églises retentissaient de lamentations sur
les violences ordonnées par le roi contre celui que l'on
croyait « vrai Pape ». Pour avoir revêtu ces protestations
du langage de l'école, l'Université de Toulouse attira
sur elle la haine des docteurs de Paris et les persécutions
des gens du roi.

Mais, dans la nuit du 11 au 12 mars 1403, sur les conseils du gardien choisi par le duc d'Orléans, Benoît, fort
de la présence d'une hostie consacrée qu'il avait cachée
sur sa poitrine, était sorti déguisé de son palais pour
gagner, par la Durance, Châteaurenard, terre proven-
çale soumise à son allié, le roi Angevin expulsé de Naples. A peine libre, il recouvra son autorité. Par crainte
de représailles, le Sacré-Collège et les bourgeois d'Avignon sollicitèrent humblement leur pardon. En France,
les manifestations joyeuses qui saluèrent la nouvelle de
sa délivrance montrèrent l'impopularité générale de la
neutralité. Et le pauvre roi qui, comme la grande majorité de ses sujets, réprouvait au fond du cœur la politique de son Conseil, se prononça, dans un moment de
lucidité où il était interrogé par son frère en présence
de nombreux témoins, pour la restitution d'obédience.
Celle-ci reçut l'approbation d'une nouvelle assemblée
du clergé de France, dont Pierre d'Ailly était l'un des
orateurs. L'Université de Paris elle-même se rapprocha
du Pape pour solliciter des bénéfices en faveur de ses

(1) Voir une étude que nous avons publiée sur ces processions dans
la *Revue du monde catholique* en mai-juin 1901.

suppôts. Benoît pardonna généreusement à tous ses adversaires, mais il ne voulut point retourner en Avignon.
De l'abbaye de Saint-Victor de Marseille, où il se retira
quelque temps, il envoya, fidèle à son plan de conférence,
une ambassade d'évêques et de moines vers son
compétiteur (1).

Ces députés se trouvaient encore à Rome, lorsque
Boniface y mourut le 1ᵉʳ octobre 1404. Aussitôt les Gibelins se soulevèrent, les Colonna bannis rentrèrent
dans Rome, battirent la faction guelfe des Orsini et
s'emparèrent du Capitole. Au lieu de porter secours aux
défenseurs de l'Eglise, le capitaine du château Saint-
Ange, Antonello Tomacelli, parent du Pape défunt,
fit saisir les ambassadeurs de Benoît XIII pour ne les re-
lâcher qu'après le paiement d'une rançon ! Les neuf cardinaux présents, Napolitains pour les deux tiers, protestèrent vainement contre cette violation du droit des
gens. Lorsqu'une conférence put avoir lieu, elle accusa
deux tendances inconciliables : les représentants de Benoît espéraient que les droits de leur maître seraient re-
connus, tandis que les cardinaux exigeaient la promesse
immédiate de sa démission. Alors pour donner un souverain à cette ville, qu'ils étaient impuissants à maîtriser, ils
s'enfermèrent au Vatican. Ce Conclave troublé porta à la
Papauté, en la personne du cardinal évêque de Bologne,
Cosme Megliorato, originaire comme ses deux prédécesseurs du royaume de Naples, qui se fit appeler Innocent VII, un vieillard pieux, instruit, mais « avide de
repos » (2).

En même temps que les autres membres du Conclave, il avait juré de poursuivre par tous les moyens
l'union de l'Eglise. La turbulence des Romains l'en empêcha. Dès la première nouvelle des troubles, le roi de

(1) Valois, III, chap. iv.
(2) Saint Antonin, *Summa historialis*, pars 3, tit. XXII, cap. II.

Naples, Ladislas, qui ambitionnait de régner au Capitole, était accouru sous couleur de rétablir l'ordre pour se gagner des partisans. Innocent souscrivit à l'abandon de toute la ville, sauf de la Cité léonine, mais les Gibelins élus « gouverneurs de la liberté de la République romaine », réclamèrent son assistance contre les Guelfes coupables d'avoir défendu l'Église. Rome fut ensanglantée par d'horribles assassinats. Et le Pape, non moins épouvanté des violences de ses partisans que des exigences de ses adversaires, s'enfuit à Viterbe, tandis qu'un condottiere excommunié, Jean Colonna, s'installait au Vatican, salué par les acclamations ironiques du peuple du nom de Jean XXIII. Quelques jours après, le même peuple, soulevé contre les gens de Ladislas appelés par les Gibelins, ouvrait les portes à Paul Orsini, capitaine de l'armée pontificale. Innocent revint à Rome où il fut reçu en triomphateur ; mais l'amertume des épreuves avait épuisé ses forces ; il y devait mourir le 6 novembre 1406, deux ans presque jour pour jour après son couronnement (1).

Avant de lui choisir un successeur, les cardinaux crurent nécessaire de se lier par un serment plus précis que celui du précédent Conclave. Renoncer au Pontificat en même temps que « l'Antipape » pour permettre aux cardinaux des deux collèges de se réunir en vue d'une nouvelle élection ; signifier dans le délai d'un d'un mois à partir du couronnement cette détermination à l'Antipape et aux princes chrétiens ; ne créer aucun cardinal si ce n'est pour égaler leur nombre à celui des « anticardinaux », telles étaient les dispositions essentielles de la très longue cédule que les quatorze membres du Conclave souscrivirent le 23 novembre (2). Non seulement elles obligeaient l'élu, mais elles consti-

(1) Rinaldi, an. 1404-1406, Stefano Infessura, Thierry de Niem, etc.
(2) Voir le texte de cette cédule dans Christophe, III, pièce just., n° 6.

tuaient en quelque sorte les cardinaux gardiens de leur
exécution. Le Vénitien Ange Correr, ami du Pape défunt
auquel il devait la pourpre, choisi pour son grand âge
et sa réputation d'austérité, parut disposé à suivre la
voie adoptée par le Conclave. Elu le 30 novembre, couronné le 3 décembre sous le nom de Grégoire XII, il
écrivit à son rival le 11 du même mois : écartant les
termes injurieux en usage dans la chancellerie pontificale depuis l'origine du schisme, il faisait appel à la
piété de Benoît, pour le prier de prêter son concours à
la pacification de l'Eglise. « Nous offrons » disait-il
« de céder nos droits légitimes à la Papauté, si de votre
« côté vous consentez à faire de même. » Grande fut
la joie des peuples chrétiens et surtout de la France
lorsque l'on connut cette démarche qui faisait prévoir
une solution pacifique à tant de conflits. Benoît s'empressa d'acquiescer aux ouvertures de son compétiteur ;
et une ambassade solennelle dont faisait partie le neveu
de Grégoire, l'évêque Antoine Correr, conclut avec
lui (21 avril 1407) un accord aux termes duquel les deux
Papes devaient se réunir à la Saint-Michel (29 septembre)
ou à la Toussaint, dans la petite ville de Savone, entre
Nice et Gênes, qui reconnaissait alors, avec toute la
Ligurie, l'autorité de la France.

Cinq jours avant le terme convenu, le 24 septembre,
Benoît, fidèle à la parole donnée, débarquait à
Savone. Au contraire, Grégoire semblait d'autant plus
ralentir sa marche qu'approchait la date de l'entre-
vue. De Sienne où il s'était arrêté, il récusa Savone,
parce que soumise à Charles VI et trop voisine de
Gênes dont il redoutait l'hostilité contre un Pape
Vénitien. Après de longs et difficiles pourparlers, on décida de choisir, sur les limites de chaque obédience,
une ville où chacun des deux Papes devrait se rendre :
Benoît à Portovenere, la plus avancée des possessions
françaises ; et Grégoire à Pietrasanta, dans les Etats des

Guinigi, seigneurs de Lucques. Avant même que l'accord
ne fût conclu, Benoît, d'autant plus prompt que son
adversaire se montrait hésitant, s'était transporté le
3 janvier 1408 à Portovenere. Grégoire était toujours à
Sienne ; il n'en partit qu'à la fin de janvier pour s'arrêter
à Lucques. En cette dernière ville, trois journées de
marche le séparaient de son compétiteur. Mais les dispositions de Grégoire paraissaient changées ; soit qu'il
craignît un guet-apens de la petite armée qui accompa-
gnait Benoît, soit plutôt qu'il cédât aux sollicitations inté-
ressées de ses proches, ou que, trompé par les sophismes
du moine réformateur Jean Dominici, qui passait pour
un saint, il se crût obligé à garder la tiare dans l'intérêt
de la véritable Eglise qu'il représentait, il ne cessa d'opposer dénégations sur dénégations aux projets d'entre-
vue que proposaient les gens de son rival ou les ambassadeurs de France. Quelques-uns croyaient son attitude
étrange inspirée par l'influence secrète de Benoît. Léo-
nard d'Arezzo comparait irrévérencieusement Grégoire à
un animal de terre qui craint la mer et Benoît à un animal aquatique qui craint la terre.

Les négociations traînaient depuis quatre mois, lorsque
Grégoire, rassuré par l'entrée à Rome du roi Ladislas
qu'il savait hostile à l'union, manifesta, dans un consistoire, le dessein de conférer la pourpre à Jean Dominici et à trois autres de ses créatures. Les cardinaux
protestèrent contre cette violation du serment prêté par
le Pape ; tandis que Odon Colonna se jetait aux genoux
de Grégoire pour le supplier de ne point donner suite à
son projet, d'autres l'accusaient de détruire l'Eglise.
Grégoire ne tint aucun compte de leur opposition et il
convoqua de nouveau le consistoire pour le 12 mai afin
d'assister à la remise solennelle des chapeaux. La
veille du jour fixé, le cardinal de Liège s'enfuit de
Lucques malgré la défense du Pape. Les soldats pontificaux qui le poursuivirent jusque sur le territoire pisan

furent blâmés par le seigneur de Lucques, et Grégoire ne put empêcher la plupart des autres cardinaux de rejoindre le soir même le fugitif.

De Pise, les membres du Sacré-Collège se tournèrent vers Benoît XIII. Mais en ce moment, la France abandonnait celui-ci. Depuis que l'assassinat du duc d'Orléans l'avait privé de son plus dévoué protecteur, l'Université de Paris, avide de réparer le premier échec de sa politique, ne cessait de le dénoncer comme seul responsable des retards apportés à l'union. Le roi, prisonnier de la faction de Bourgogne, consentit à déclarer une seconde fois la neutralité. Benoît répondit par l'envoi d'une bulle d'excommunication conditionnelle.

Si la Cour de France n'admettait pas l'infaillibilité du Pape, elle croyait fermement à celle du roi. Son irritation, en recevant les menaces de Benoît, fut telle qu'elle donna ordre au maréchal Boucicaut, gouverneur de Gênes, de s'assurer de la personne du Pape. Pour sauver sa liberté, Benoît fut contraint de s'embarquer le 16 juin en compagnie de quatre cardinaux, après avoir laissé ses instructions à ceux qui restaient en Ligurie. Repoussé des côtes de Provence, il aborda à Port-Vendres en Roussillon, qui dépendait alors de son fidèle allié, le roi d'Aragon.

Un mois plus tard, Grégoire, abandonné par la plus grande partie de sa Cour, quittait Lucques pour s'en retourner à Sienne (1).

La voie de cession, compromise par les excès de ses partisans, avait échoué devant l'obstination des deux Pontifes.

(1) VALOIS, III, Rinaldi, Salembier, etc.

V

L'UNITÉ RECHERCHÉE PAR L'ENTENTE DES CARDINAUX DES DEUX OBÉDIENCES, 1408-1414. — DÉPOSITION DE BENOIT XIII ET DE GRÉGOIRE XII ; ÉLECTION D'UN TROISIÈME PAPE PAR LE CONCILE DE PISE.

Après le départ des deux Papes, leurs cardinaux restés sur les côtes de Ligurie et de Toscane continuèrent leurs négociations. Persuadés que le Pape d'Avignon, pas plus que celui de Rome, ne voulait consentir à se démettre, ils déclarèrent solennellement, à l'exemple du roi de France, leur retirer l'obédience et ils se réunirent à Pise au nombre de douze, six de chaque parti. La plupart des membres des deux Sacrés-Collèges les rejoignirent ; le légat des Romagnes, Balthazar Cossa, qui, après avoir reconquis, au nom du Pape, Bologne révoltée, s'y était taillé en quelque sorte une souveraineté indépendante, leur promit son appui. Bientôt, il ne resta plus auprès des deux Papes que les cardinaux qu'ils venaient de promouvoir pour remplacer les fugitifs. Et ainsi l'Eglise se trouva divisée en trois partis : celui de Grégoire, celui de Benoît et celui des cardinaux. Trois Conciles généraux furent convoqués en même temps : par Benoît XIII à Perpignan, pour la Toussaint 1408 ; par les cardinaux à Pise, pour la Chandeleur, puis l'Annonciation 1409 ; par Grégoire enfin dans une ville du nord de l'Italie qu'il se réservait de désigner ultérieurement, ne sachant encore auprès de quels princes il trouverait aide et protection.

Les princes et les prélats se divisèrent : chaque Concile eut ses adhérents. Mais c'est à Pise que le plus grand nombre des pays chrétiens furent représentés. Après le roi de France, les Visconti, la seigneurie de Florence, le roi d'Angleterre et le roi de Bohême, Wenceslas de Luxembourg, dont l'autorité était encore, malgré sa déposition, reconnue par de nombreux princes de l'Empire, favorisaient les cardinaux dans leurs efforts pour rétablir l'union. Forts de leur appui, les Pères, réunis à Pise au nombre de plusieurs centaines, s'arrogèrent le titre de Concile général, sans tenir compte des opposants. Ils sommèrent les deux Papes à comparaître devant eux ; personne ne répondit pour Benoît ; quant à Grégoire, les propositions qu'il fit porter par Charles Malatesta, seigneur de Rimini, furent jugées intolérables. Les Pères décidèrent de tenir pour contumaces les deux Papes qu'ils appelaient par dérision « l'enfant d'erreur » (*Errorius* pour *Corrarius*) et « l'habile trompeur » (*benefictus* pour *benedictus*), et ils entamèrent leur procès. Imbus de cette théorie, en tous point erronée quoique fondée sur un texte du décret de Gratien, que l'on pouvait déposer les Papes pour crime d'hérésie, les examinateurs désignés par le Concile s'efforcèrent de trouver des erreurs théologiques dans les écrits de Grégoire et de Benoît. Comme il n'y en avait point trace, ils se rejetèrent sur les pratiques de sorcellerie toujours faciles à prétexter (1). D'autres faits étaient notoires : dans leur obstination à ne point démissionner, les deux Papes avaient agi en fauteurs du schisme ; ils pouvaient être jusqu'à un certain point traités de parjures pour n'avoir point obéi au serment prêté lors de leur élection. Dans leur passion de l'unité, les Pères procédèrent avec une rapidité regrettable. Deux mois et quelques jours après l'ouverture du Concile, le 5 juin 1409, le cardinal Colonna, doyen des diacres, appela une dernière fois les deux Papes devant les portes de la cathédrale de Pise ;

---

(1) VALOIS, IV, p. 94-97.

et comme personne ne se leva pour répondre, les patriarches présents donnèrent solennellement lecture de la sentence qui déclarait Pierre de Luna et Ange Correr déchus du Pontificat comme « hérétiques », « schismatique » et « parjures ». Les nonces de Benoît XIII, arrivés quelques jours plus tard, furent salués de tant de sarcasmes par les Pères, de tant d'insultes par la populace qu'ils purent croire leur vie en danger et qu'ils s'enfuirent sans communiquer au Concile les propositions de leur maître.

Sitôt après leur départ, les cardinaux s'enfermèrent en Conclave ; ils étaient au nombre de vingt-quatre, dix du parti d'Avignon et quatorze de celui de Rome. C'est l'un de ces derniers, Pierre Philargès, archevêque franciscain de Milan et conseiller des Visconti, qui fut élu le 26 juin. Né en Crète de parents pauvres, orphelin très jeune, réduit par la misère à mendier à la porte d'un couvent de frères mineurs qui l'avaient élevé par charité, il n'avait dû qu'à sa science et à ses vertus sa lente ascension à tous les degrés de la hiérarchie catholique ; l'humilité de son origine ne l'empêcha point de réunir sur son nom l'unanimité des voix dans un conclave où siégeait, avec des membres des plus vieilles familles de Rome, un prince du sang de France, Louis de Bar.

Dans tous les pays qui avaient reconnu l'autorité du Concile de Pise, l'enthousiasme fut grand lorsque l'on connut cette élection. Le nom d'Alexandre V, que Philargès s'était choisi, sonnait comme un cri de victoire ; non seulement on croyait à l'extinction définitive du schisme, mais la nationalité grecque du nouveau Pape faisait espérer, dans la détresse présente des empereurs de Constantinople, la réconciliation des chrétiens d'Orient, séparés depuis plus de trois siècles (1). Le souvenir de cet enthousiasme a exercé une influence unï-

(1) VALOIS, IV, p. III.

verselle sur les jugements de l'histoire ; celle-ci s'est montrée indulgente au Conclave de 1409 ; elle n'a voulu se souvenir que de la personne de l'élu qui était digne de la tiare et que des intentions des électeurs qui étaient vraiment chrétiennes : Alexandre V est inscrit dans la *Gerarchia cattolica* à la suite de Grégoire XII. Cependant, si l'on se place au point de vue du droit strict, l'élu de Pise ne peut être considéré comme légitime ; en effet, le Concile n'avait aucun droit de juger les deux Papes rivaux, car s'il représentait la plus grande, peut-être la « plus saine » partie de la chrétienté, il n'était en aucune façon œcuménique (1).

Cependant les Pères s'étaient séparés le 7 août, après avoir prescrit à leur élu de convoquer un nouveau Concile dans le délai de trois ans. Mais les anathèmes qu'ils avaient portés n'effrayaient point les derniers partisans des deux Papes déposés. Tandis que l'Espagne, l'Ecosse et le comté d'Armagnac se maintenaient dans l'obédience de Benoît, le roi des Romains, Robert de Bavière, le roi de Hongrie, Sigismond de Luxembourg, frère cadet de Wenceslas, le roi de Naples, Ladislas, maître de Rome, continuaient à reconnaître les droits de Grégoire. Mais si le Pape espagnol, gardé en Roussillon par la fidélité du peuple, était inattaquable, l'éloignement du roi des Romains et la duplicité de Ladislas rendaient précaire la situation du Pape italien. Trahi par ses compatriotes de Venise, celui-ci fut obligé d'interrompre le Concile qu'il avait réuni à Cividale, et de s'enfuir, déguisé en marchand, tandis que le chambellan, qui avait pris les ornements pontificaux pour faciliter sa fuite, était retenu prisonnier. Une ville du royaume de Naples, qui semblait dès lors prédestinée à recevoir les Papes fugitifs, Gaète, fut le refuge de Grégoire. Avant qu'il y fût arrivé, Louis d'Anjou, nommé par Alexandre gonfalonier du

---

(1) HÉFÉLÉ, *Histoire des Conciles*, t. X, livre 44.

Saint-Siège, entrait dans Rome sous les auspices des Orsini.

Le Pape élu à Pise s'achemina vers la Ville éternelle, en passant par Bologne où le cardinal Cossa l'appelait. La mort l'y attendait, si rapide que l'imagination populaire la crut hâtée par le poison, alors que le grand âge d'Alexandre et les fatigues du Pontificat suffisent à en expliquer le caractère. Le Conclave, immédiatement réuni dans la même ville sous la protection du cardinal Cossa, porta celui-ci à la tiare sous le nom de Jean XXIII (17 mai 1410). Des nombreux choix faits pendant la longue division de l'Eglise, c'est, à ne considérer que la personne même de l'élu, le seul qui soit véritablement regrettable. Jean XXIII, qui n'était que diacre avant son élection, n'avait rien des mœurs ecclésiastiques. Par contre, il passait pour un politique habile, trop habile peut-être en cela qu'il préférait les négociations tortueuses à la voie droite. Louis d'Anjou le conduisit triomphalement à Rome. Mais lorsque cet allié eût, après la brillante victoire de Roccasecca, perdu par sa lenteur l'occasion de reconquérir le royaume de Naples, Jean XXIII l'abandonna pour se tourner du côté de Ladislas. Le prix de cette nouvelle alliance fut l'éloignement de Grégoire, expulsé brutalement de Gaète par le même roi qui lui avait offert asile.

Le vieux Pape venait de perdre le plus puissant de ses appuis par la mort du roi des Romains, Robert de Bavière. Les électeurs réunis pour lui donner un successeur partagèrent leurs voix entre Josse, margrave de Moravie et Sigismond de Luxembourg. Et comme Wenceslas maintenait toujours ses prétentions, l'Empire se trouva quelque temps partagé entre trois souverains, comme l'Eglise entre trois Papes. La mort rapide de Josse et la renonciation de Wenceslas en faveur de son frère laissèrent le pouvoir à Sigismond qui se rapprocha de

(1) Valois, IV, p. 231.

Jean XXIII. Pour obéir aux décrets de Pise, celui-ci avait ouvert un nouveau Concile dans cette Rome, où sa domination paraissait assurée par l'alliance de Ladislas. Mais il avait tort de se fier à la bonne foi du roi de Naples. La plupart des Pères du Concile étaient encore présents lorsque Ladislas, trahissant le nouveau Pape comme il avait trahi son rival, vint mettre le siège devant Rome. Jean, abandonné par ses sujets, fut, comme Grégoire, obligé de s'enfuir jusque sous les murs de Florence, dont, par crainte de l'armée napolitaine, la seigneurie lui refusa l'entrée (1). Le Pape fugitif n'eut d'autre ressource que de se jeter dans les bras de Sigismond, descendu en Italie pour restaurer, à la faveur des troubles, l'autorité impériale.

Mais s'il avait cru trouver un défenseur en la personne de ce jeune prince dont il avait favorisé l'élection, il devait rencontrer un maître. Dans la ferveur de son élévation récente, Sigismond avait pris à cœur sa mission d'avoué du Saint-Siège. Les mœurs de Jean XXIII dont la légende s'était emparé pour les noircir, la résistance qu'il avait paru opposer aux réformes dans le sein du Concile de Rome, et surtout ses derniers échecs avaient fait passer au rang des illusions irréalisables l'espoir longtemps caressé d'imposer, par les voies pacifiques, son autorité à tous les chrétiens. Alors comme aux premiers temps du schisme, la réunion d'un Concile vraiment général semblait, malgré l'échec du synode de Pise, la voie la plus propre à rétablir l'union. Ce fut cette voie que Sigismond adopta ; sur ses instances, Jean XXIII invita les représentants de l'Eglise universelle à se réunir le 1er novembre 1414 dans une ville de l'Empire, voisine de l'Italie et de la France, à Constance.

VI

L'UNION RÉALISÉE PAR LE CONCILE ŒCUMÉNIQUE DE CONSTANCE 1414-1417.

A l'époque indiquée, la réunion des prélats, des clercs et des seigneurs fit de la petite ville de Constance une sorte de Babel où toutes les langues de l'Europe étaient confondues. A ce nouveau Concile, la présence du Pape Jean donnait le caractère d'œcuménicité qui avait toujours fait défaut à celui de Pise. Aussi l'affluence était elle beaucoup plus grande. Tous les royaumes chrétiens, ceux d'Espagne exceptés (ils n'adhérèrent que l'année suivante) étaient représentés par des prélats, des docteurs et des envoyés du pouvoir civil. Le roi des Romains, qui prétendait au droit de présider le Concile en même temps que le Pape, vint en personne. Le cardinal Dominici se présenta pour Grégoire XII. Si Benoît n'envoya personne, la députation de la France des Armagnacs comptait un certain nombre de ses partisans secrets.

Dès la première session, deux partis se dessinèrent; les partisans de Grégoire et de Benoît, auxquels se joignaient quelques esprits indépendants, épris sincèrement de l'union, voulaient que les trois Papes rivaux fussent sommés en même temps de démissionner; les Italiens que Jean XXIII avait amenés à sa suite demandaient au contraire que le Concile ratifiât sans discussion les décrets de Pise. Ces derniers étaient les plus nombreux. Mais le Concile décida de substituer au vote par tête, anciennement en usage, le vote par nation; ces nations entre lesquelles les Pères s'étaient répartis d'après la langue qu'ils parlaient, étaient au nombre de

quatre : allemande, anglaise, française et italienne. Or,
les trois premières étaient hostiles à Jean XXIII. En
même temps, le droit de vote, canoniquement réservé
aux évêques et aux abbés, était donné aux docteurs, aux
procureurs des prélats absents, même aux envoyés laïcs
des princes, tous gens plus portés vers les solutions violentes que les hauts dignitaires ecclésiastiques. Innova-
tions peut-être nécessaires pour assurer l'obéissance aux
décrets du Concile, mais dangereuses en ce qu'elles
créaient un nouvel élément : celui des nationalités, dans
la constitution de cette Eglise dont le nom même exclut toute idée de nation.

Ainsi organisé, le Concile se prononça en faveur de la
voie tant prônée par l'Université de Paris : la cession de
tous les prétendants. Jean XXIII fut obligé de lire en
séance solennelle une promesse de démission. Quelques
jours après, il s'enfuyait à Schaffouse sous la protection
du duc Frédéric d'Autriche (20 mars 1415).

La nouvelle de ce brusque départ jeta la ville de Constance dans la stupeur ; en effet, le Pape qui avait convoqué le Concile pouvait le dissoudre. Pour empêcher que
l'œuvre entreprise ne fût détruite en un seul jour, Sigismond prit des mesures violentes : il interdit aux Pères de
quitter Constance, fit garder à vue ceux qui s'étaient le plus
compromis en faveur de Jean XXIII, et mettre Frédéric
d'Autriche au ban de l'Empire. La nation allemande et
les docteurs, qui prirent, sous son influence, la direction
des débats, obtinrent, malgré l'opposition des cardinaux,
le vote de 'décrets révolutionnaires. Après avoir déclaré
qu'aucune autorité, fors la sienne, ne pouvait le dissoudre, le Concile se déclara, dans ses quatrième et cinquième sessions, supérieur au Pape qu'il s'arrogea le
droit de juger. Pour faire le procès de Jean XXIII, les
griefs, puisés dans la légende aussi bien que dans la réalité, ne manquaient point. Suspendu de ses fonctions le
14 mai, le Pape fut solennellement déposé dans la séance

générale du 29. A cette époque il avait déjà perdu la liberté précaire acquise par sa fuite ; livré par le duc d'Autriche, dont les troupes impériales prenaient une à une les forteresses, il était prisonnier à Radolhsfeld. Il n'essaya point de résister à la fortune, mais il ratifia par une renonciation sincère la sentence portée contre lui ; ce qui n'empêcha point ses ennemis de le retenir dans une sévère captivité jusqu'à l'élection de son successeur.

Six semaines plus tard, Charles Malatesta, muni par Grégoire XII de pouvoirs spéciaux, lisait solennellement l'abdication de son maître dans une session du Concile convoquée au nom du Pape de Rome par le cardinal Dominici et présidée par le roi des Romains (4 juillet 1415). Grégoire reçut, à titre de compensation, l'évêché de Porto, le titre de doyen du Sacré-Collège et la légation perpétuelle de la Marche d'Ancône.

Restait Benoît XIII : le Concile chargea le roi des Romains d'obtenir sa démission. Des conférences furent ouvertes en avril 1415 à Perpignan, auxquelles assistèrent, avec les ambassadeurs de France, le roi d'Aragon et les représentants des divers princes qui restaient fidèles à l'obédience de Benoît. Mais le vieux Pape aragonais, fort de l'abdication de ses rivaux, élevait de plus en plus son ambition. Il exigeait que le Concile se transférât en France pour recevoir sa démission : dernier survivant du Sacré-Collège de Grégoire XI, il se considérait comme le seul cardinal dont le titre fût incontestable et il réclamait, de ce chef, une part prépondérante dans l'élection de son successeur. Après trois mois de négociations stériles, le Pape et le roi des Romains se retirèrent : l'un à Narbonne, l'autre à Collioure, puis dans la forteresse imprenable de Peniscola, fief catalan de sa famille.

L'attitude de Benoît dessilla les yeux de ses derniers partisans. Les rois d'Aragon, de Castille et de Navarre s'engagèrent par la capitulation de Narbonne à renoncer à son obédience pour reconnaître l'autorité du Concile (13 décembre 1415). En même temps, le saint moine qui avait jeté l'Espagne dans le parti d'Avignon, Vincent Ferrier, abandonnait, dans l'intérêt de l'Eglise, celui qu'il croyait encore Pape légitime. Et tandis que Sigismond, rêvant de rétablir l'union des peuples chrétiens sur celle de l'Eglise, promenait à travers la France et l'Angleterre sa chimère grandiose de paix universelle et sa soif perpétuelle d'argent, les députés des royaumes d'Espagne sé rendaient les uns après les autres à Constance. Dans le Concile, ouvert chaque fois pour les recevoir, ils formèrent une cinquième nation. Le procès du Pape réfractaire fut entamé; mais les Pères, instruits par l'exemple du Synode de Pise, procédèrent avec une méthodique lenteur. La déposition de Benoît ne fut prononcée que dans la 37e session, le 26 juillet 1417 (1).

Dans l'intervalle, le Concile, malgré la discorde perpétuelle qui armait l'une contre l'autre les nations, travaillait à la réforme générale de l'Eglise. Sur la proposition des Italiens et des Français, il fut décidé, malgré l'opposition allemande, que cette réforme devait être préparée par l'élection d'un nouveau Pape. Afin d'assurer plus de respect au choix du futur Conclave, on adjoignit aux vingt-trois cardinaux trente électeurs pris par cinquième dans chaque nation. Dans chacune de ces délégations nationales, l'élu devait réunir la majorité canonique des deux tiers. Ces précautions, qui excluaient les chances des nations puissantes, ne pouvaient que favoriser la candidature d'un Italien. Le jour de la Saint-Martin (11 novembre 1417), en souvenir duquel il prit le nom de Martin V, Odon Colonna réunit l'unanimité des suffrages. Ainsi se trouvait réalisé, après quarante ans, le vœu exprimé par les émeutiers de 1378; pour la première fois depuis Honorius IV (1285-1287), un Romain

____

(1) HÉFÉLÉ, t. X et XI, livre 45.

montait sur la chaire de Saint-Pierre. Cardinal de la création d'Innocent VII, adhérent au Concile de Pise, resté l'un des derniers fidèle à Jean XXIII, le nouveau Pape cachait, sous une affabilité courtoise qui le rendait sympathique à tous, une remarquable fermeté de caractère dont il savait faire preuve lorsque l'intérêt de l'Eglise était en jeu. Appelé par le vœu de tous à rétablir l'unité chrétienne, il évita de prendre parti dans les questions délicates qui divisaient les trois obédiences. Lorsqu'il dut rappeler dans ses luttes quelque acte de ses prédécesseurs, de l'une ou de l'autre origine, il les désigna par une formule imprécise : « Barthélemy, appelé Urbain en son obédience ». « Robert appelé Clément en son obédience » (1).

L'élection de Martin V termina virtuellement le schisme. Tous les princes chrétiens, même le roi d'Ecosse qui n'avait député personne à Constance, reconnurent, après de très courtes hésitations, son autorité. Jean XXIII, délivré par son intercession, vint se prosterner à ses pieds pour lui rendre hommage. Sur les conseils du Pape, il écrivit à Benoît pour lui conseiller la soumission.

Mais l'Aragonais, plus qu'octogénaire, se montrait d'autant plus intraitable que la fortune se déclarait davantage contre lui. Jusqu'à sa mort dont la date précise est incertaine (29 novembre 1422 ou 23 mai 1423), il resta fidèle à ce qu'il croyait, à tort, son droit, lançant de son rocher de Péniscola où il jugeait l'Eglise entière renfermée avec lui, l'anathème contre tous ceux qui l'avaient abandonné. Les cardinaux promus à son lit de mort créèrent, en sa place, un fantôme de Pape : Gilles Sanchez Munoz, prévôt de Valence (Espagne), qui se fit appeler Clément VIII. Après six ans de résistance, celui-ci, las d'un titre qui ne lui apportait d'autres honneurs

____

(1) Valois, IV, p. 502.

qu'une réclusion obligatoire, voulut l'échanger contre la possession paisible de l'archevêché de Majorque. Après avoir levé les censures portées par son prédécesseur contre Martin V, il démissionna ; ses cardinaux s'enfermèrent en Conclave et portèrent leurs voix sur le Pape légitimement élu depuis douze ans (26 juillet 1429) (1). Et ainsi, pour ceux qui croyaient en la légitimité des Papes d'Avignon, se trouva levée l'irrégularité, s'il y en avait quelqu'une, de l'élection de Martin V.

L'Eglise, réveillée du long cauchemar dans lequel elle s'était retournée pendant plus de quarante ans, respirait enfin. Un curieux petit tableau de l'école de Masaccio, exposé dans la galerie des primitifs au musée du Louvre, donne bien l'image des sentiments avec lesquels les contemporains saluèrent l'avènement de Martin V. Il représente l'entrée de ce Pape dans la Cité léonine : debout sur le Môle d'Adrien, dont le cortège triomphal va franchir la porte, l'ange qui apparut à saint Grégoire remet son épée sanglante au fourreau. Ainsi bien des mystiques, qui avaient vu dans les guerres intestines le châtiment du schisme, espéraient que Dieu rappellerait son ange exterminateur pour établir dans tous les pays chrétiens le règne de cette paix définitive, dont le roi des Romains et le Pape universellement reconnu s'étaient proclamés les hérauts.

VII

VIE DE L'ÉGLISE PENDANT LE SCHISME

Il est difficile de s'imaginer, à notre époque de laïcisme, à quel point l'incertitude sur la personne du Pape por-

---

(1) Valois, IV, 450-473.

tait le trouble non seulement dans l'Eglise mais dans l'organisation civile à laquelle la religion était unie par des liens étroits. Comme la collation d'un grand nombre de bénéfices majeurs était réservée au Pape, le schisme se reproduisait, à l'instar de Rome, dans beaucoup de diocèses et d'abbayes. Sous prétexte de rétablir l'unité, le pouvoir civil intervenait en faveur de l'un ou de l'autre élu : de là des invasions armées, des emprisonnements, des saisies de temporel. Les troubles favorisaient l'accession des intrigants aux dignités ecclésiastiques. D'autre part, pour entretenir, dans une obédience moindre, le luxe de leur Cour et pour assurer certaines alliances, les Papes étaient réduits à lever des taxes exorbitantes sur leur clergé.

Le dénuement et, par suite, les défaillances nombreuses de celui-ci, le spectacle scandaleux des anathèmes réciproques fulminés par les deux Papes donnèrent une nouvelle faveur aux vieilles théories antisacerdotales des Cathares, qu'un théologien anglais, Jean Wiclef, venait de ressusciter avec l'appui des princes de son pays. Le recteur tchèque de la nouvelle Université de Prague, Jean Hus, les introduisit en Bohême par haine de l'orthodoxie allemande. Entre autres erreurs, ce dernier soutenait la funeste doctrine de la prédestination, qu'il poussait sur certains points à ses plus terribles conséquences : l'Eglise est la réunion des prédestinés, des saints ; quiconque tombe en état de péché mortel, cesse par là même d'en faire partie, et il perd toutes les fonctions ecclésiastiques ou civiles dont il pouvait être revêtu. On comprend facilement quel danger présentait, non seulement pour l'Eglise mais pour toute hiérarchie sociale, cette affirmation qui justifiait toutes les révoltes par l'indignité présumée du souverain. La mémoire de Wiclef, abandonnée par le roi d'Angleterre, avait été condamnée par Jean XXIII au Concile de Rome. Hus, traduit, à son tour, devant les Pères de Constance, fut, après de longs débats, convaincu d'hérésie. Livré au bras séculier représenté par Sigismond, il fut brûlé sur la place publique (6 juillet 1415). Il ne nous appartient point d'apprécier cette exécution qui était conforme à la législation du temps; mais nous avons tenu à rappeler la condamnation des erreurs professées par l'hérésiarque tchèque pour faire voir comment, malgré le schisme, l'Eglise veillait au maintien de la pureté du dogme.

Mais sa vitalité se manisfestait à la même époque par des actes plus consolants. Les Ordres religieux, d'abord troublés par la dualité de leurs généraux, inclinaient vers les voies les plus austères : une humble recluse de Corbie, Colette Boëllet, obtenait de Benoît XIII pleins pouvoirs pour ramener les Franciscains à leur règle primitive (1) ; Jean Dominici, celui-là même qui exerça sur l'esprit de Grégoire XII une influence funeste à l'union, fondait aux portes de Florence un couvent réformé de frères prêcheurs où il recueillait, au nombre des novices, celui qui devait être le plus grand des peintres mystiques ; en Hollande, Gérard Groot instituait les « Frères de la vie commune » (1384). De saints thaumaturges illustraient par leurs miracles les deux obédiences : Vincent Ferrier, l'éloquent dominicain, confesseur de Benoît XIII (2) ; Pierre de Luxembourg, cardinal à seize ans, dont les austérités faisaient tache dans la Cour fastueuse d'Avignon (3); Jean Népomuk, chanoine de Prague, martyr du secret de la confession ; Françoise des Ponziani, d'une puissante famille de Rome alliée aux Orsini (4); le franciscain Bernardin des Albizzeschi qui continuait à Sienne, la ville prédestinée, la tradition de Catherine Benincasa, l'inspiratrice de Grégoire XI ; d'autres encore que

---

(1) DOUILLOT, *Sainte Colette, sa vie, ses œuvres, son culte, son influence.*

(2) SALEMBIER, *passim.*

(3) VALOIS, II, 363-5.

(4) BUSSIÈRE, *Vie de sainte Françoise Romaine,*

l'Eglise n'a point placés sur les autels : Pierre d'Aragon, fils de roi, devenu serviteur des pauvres, et Philippe d'Alençon, prince français et cardinal qui persévéra jusqu'à la mort dans sa fidélité au Pape de Rome, malgré la suspicion dans laquelle celui-ci le tenait à cause de son origine (1).

Leur exemple entretenait la ferveur du peuple. Jamais peut-être on n'a tant invoqué le secours du ciel que pendant ce demi-siècle d'épreuves. Deux Jubilés solennels furent célébrés à Rome dans un intervalle de dix ans : l'un par l'obédience de Boniface IX (1390) ; l'autre par celle de Benoît XIII (1400). Cette piété dégénérait parfois en manifestations tumultueuses : visions bizarres, prophéties incohérentes, processions désordonnées de flagellants, que, dans la discorde de l'Eglise, les prélats ne pouvaient pas toujours réglementer.

La tradition n'était pas encore perdue de ces Croisades, vers lesquelles la pensée des Papes avait été si longtemps tournée ; et Philippe de Maizières pouvait rêver la création d'un ouvel ordre de chevalerie consacré à la « Passion de Jésus-Christ » pour reconquérir le Saint-Sépulcre. Lorsque l'empereur grec, Jean Paléologue, abandonnant à son neveu Constantinople assiégée par les Turcs, vint mendier du secours dans toutes les Cours d'Occident, les seigneurs s'exaltèrent au souvenir de ces expéditions chevaleresques, dont la glorieuse légende avait bercé leur jeunesse. Pendant la durée du schisme, de véritables Croisades, où les Français combattirent au premier rang, furent conduites sur la côte de Tunis, en Bulgarie, puis à Constantinople même. Elles ne réussirent qu'à retarder de quelques années l'invasion de ces barbares dont Constantinople et la Macédoine supportent encore aujourd'hui le joug odieux. Mais le sang répandu pour la défense de la foi ne pou-

(1) DUCHESNE, *Histoire des cardinaux français.*

vait être inutile. En racontant le massacre des prisonniers chrétiens ordonné par le sultan Bajazet après le désastre de Nicopolis (25 septembre 1396), le biographe du maréchal Boucicaut glorifie les victimes en des termes dont nous nous ferions scrupule de modifier le texte : « Dieu leur donna la grâce qu'ils moururent de la plus « sainte mort que chrétien puisse mourir, selon que « nous tenons en notre foi, qui est pour l'exhaussement « de la foi chrétienne et être accompagnés avec les be- « noîts martyrs qui sont les plus heureux de tous les « ordres des autres Saints du Paradis. Si n'est mie doute « que s'ils le reçurent en bon gré, qu'ils sont Saints en « Paradis. » En cela, le pieux espoir des Clémentins rencontrait celui des Urbanistes ; ils avaient combattu côte à côte à Nicopolis, et Boniface IX n'hésitait point à faire appel aux dissidents en faveur des chrétiens du rite grec (1).

Avec ceux-ci, l'opinion publique appelait de tous ses vœux une réconciliation que la détresse de Constantinople, l'élection du Pape grec Alexandre V et plus tard l'exemple de l'apaisement du schisme d'Occident, faisaient espérer prochaine. Cette réconciliation, Gerson la prêchait à Paris, tandis que les cardinaux des deux obédiences convoquaient Manuel Paléologue au Concile de Pise, et que Sigismond le comprenait dans ses rêves de paix chrétienne (2).

Si la force des armes avait peine à défendre l'intégrité des frontières chrétiennes, des conversions préparées par des voies pacifiques la reculaient. L'invasion des Tartares avait détruit les missions franciscaines fondées au xive siècle en Extrême-Orient ; mais, à l'opposite du monde connu, d'autres missionnaires évangélisaient les

(1) DELAIVLLE LE ROULX, *La France en Orient au* xive *siècle, passim* ; Rinaldi, an. 1398, n° 40, an. 1399, n° 2 et sq.
(2) VALOIS, III, 389.

Guanches des Canaries auxquels Benoît XIII accordait
un évêque (1). Hedwige, reine de Pologne, sacrifiant son
bonheur à l'intérêt de ses sujets, convertissait la Lithua-
nie par son mariage avec le grand prince Jagellon. Et
bien qu'elle reconnût, comme tous les Slaves, l'autorité
du Pape de Rome, Clément VII se joignit à son rival
pour la féliciter d'avoir instruit un nouveau peuple dans
la science de l'Evangile (2).

VIII

LE PAPE ET LE CONCILE

Ainsi l'Eglise sortait agrandie de la dure épreuve
qu'elle avait traversée. Il n'en était pas de même de
l'autorité de son chef. Le spectacle des Pontifes beso-
gneux, toujours errants ou prisonniers qui, selon la cy-
nique comparaison de Wiclef, « se disputaient la tiare
comme des chiens se disputent un os », n'était point fait
pour rehausser le prestige de la papauté. Assurément,
malgré la grande liberté de parole qui régnait en cette
fin du Moyen Age, la plupart des chrétiens n'auraient
point osé s'exprimer avec la même irrévérence que l'hérésiarque anglais ; mais leur respect pour la papauté n'en
subissait pas moins de graves atteintes. Qu'un ermite,
exalté par les macérations, prêchât à Reims que « le doux
Jésus est notre vrai Pape », la Cour de France l'empri-
sonnait pour le faire taire ; mais elle-même cherchait,
par la soustraction d'obédience, à se passer du Pape.
Des anathèmes fulminés par Benoît contre leur révolte,

(1) Valois, II, 311.
(2) Valois, III, 84-86.

les docteurs de Paris en appelaient d'abord au futur Pape dont l'autorité serait reconnue par tous les chrétiens. Puis, comme celui-ci paraissait fort lointain, ils adressaient leur appel au Concile général, ce qui était en reconnaître implicitement la supériorité sur le Pape (1).

Nous n'avons pas l'intention d'entreprendre ici la discussion minutieuse de cette dangereuse doctrine, pour et contre laquelle des flots d'encre ont coulé; nous n'aborderons son histoire qu'en tant qu'elle est indispensable pour expliquer l'état des idées pendant et après le schisme. Le Synode de Pise, sans se déclarer supérieur au Pape, agit comme tel en déposant Grégoire XII et Benoît XIII. Moins violents dans leurs actes mais peut-être plus hardis dans leurs doctrines, les Pères de Constance donnèrent à cette théorie l'autorité d'une définition solennelle. Voici la traduction des fameux décrets de la cinquième session en leur partie essentielle :
I. « Le Saint-Synode de Constance, rassemblé légitime-
« ment dans le Saint-Esprit, formant un Concile gé-
« néral et représentant l'Eglise militante, tient son pou-
« voir immédiatement du Christ. Tous, même le Pape,
« sont tenus de lui obéir en ce qui concerne la foi, l'ex-
« tirpation du schisme et la réforme de l'Eglise dans sa
« tête et dans ses membres (2). »

« II : Quiconque, fût-ce le Pape, aura, sur ces points,
« refusé opiniâtrement d'obéir aux ordres du Saint Sy-
« node et de tout autre Concile général légitimement

---

(1) Valois, III, 87 et sq.

(2) *Et primo (hæc sancta Synodus Constantiensis) declarat quod ipsa in Spiritu Sancto legitime congregata, Concilium generale faciens et Ecclesiam militantem repræsentans potestatem a Christo immediate habet, cui quilibet, cujuscumque status vel dignitatis etiam si papalis existat, obedire tenetur in his quæ pertinent ad fidem et extirpationem dicti schismatis et reformationem dictæ ecclesiæ in capite et in membris.*

« réuni, sera, s'il ne se repent point, soumis à une juste
« pénitence et frappé de la punition méritée, avec re-
« cours aux autres voies de droit s'il est nécessaire (1). »

Ce qui, à la lumière des actes du Concile, peut s'interpréter ainsi : le Pape doit obéir au Concile, faute de quoi il est passible de la déposition. Pour juger ces décrets révolutionnaires, il faut distinguer entre le point de fait et le point de droit. En fait « pour l'extirpation du schisme », en ne considérant pas la dignité même dont les trois prétendants à la Papauté se disaient revêtus mais le caractère incertain de cette dignité, le Concile de Constance, juge de la légitimité de leur élection, avait le pouvoir, dont il usa, de les déposer. Mais, en droit, appliquées à la personne d'un Pontife incontestablement légitime, les prétentions de supériorité du Concile sont inadmissibles : la logique suffit à les condamner. En effet, le Concile œcuménique, seul visé dans le texte précédent, n'est autre chose que la réunion du Pape et des représentants de l'Eglise ; ses décrets, pour obtenir force de loi, doivent être sanctionnés par l'autorité pontificale : d'où il suit que la déposition d'un Pape ne deviendra légitime que le jour où il l'aura lui-même ratifiée, ce qui la transforme en abdication pure et simple (2).

Mais, pourra-t-on objecter, l'assemblée de Constance est inscrite par l'Eglise au nombre des Conciles œcuméniques ; par conséquent ses définitions en matière de discipline font partie intégrante du dogme ecclésiastique.

---

(1) *Item declarat quod quicumque, cujuscumque conditionis, status, dignitatis etiam si papalis, qui mandatis, statutis seu ordinationibus aut præceptis hujus sacræ Synodi et cujuscumque alterius Concilii generalis legitime congregati, super præmissis seu ad ea pertinentibus factis vel faciendis, obedire contumaciter contempserit, nisi resipuerit, condignæ pœnitentiæ subjiciatur et debite puniatur, etiam ad alia juris subsidia, si opus fuerit, recurrendo.*

(2) **Cf. Chénon**, *le Concile de Constance*, dans *Histoire générale* de **Lavisse et Rambaud**, t. III, p. 325-328.

Or, l'œcuménicité du Concile de Constance n'est précisément admise que pour les sessions convoquées par un Pape : c'est-à-dire les deux premières présidées par Jean XXIII, la quatorzième par le légat de Grégoire XII ét les cinq dernières par Martin V. Ce dernier, sollicité par ses électeurs, donna bien aux actes du Concile son approbation, mais une approbation restreinte ; il reconnut la légitimité des seuls décrets portés « en faveur de « la foi et pour le salut des âmes » (1), lorsqu'ils avaient été régulièrement décidés en Concile, *conciliariter* (2). Par ce dernier mot, les commentateurs catholiques ont entendu les sessions réunies avec l'autorisation du Pape, président nécessaire du Concile œcuménique. L'opposition de Martin V aux actes de la cinquième session ne paraît point douteuse : lorsqu'il publia par des bulles solennelles les décrets de réforme générale votés par le Concile, il en exclut un : celui qui réglait les conditions dans lesquelles le Pape pouvait être déposé (3). Son successeur Eugène IV, issu d'un Conclave régulier, n'avait pas les mêmes motifs pour ménager les susceptibilités des partisans du Concile ; il déclara ratifier tous les décrets de Constance, « sans préjudice du droit, de la dignité et de la prééminence du Saint-Siège (4) ». Par là, précisant la pensée de son prédécesseur, il excluait expressément les décrets de la cinquième session.

Mais si, comme on peut le démontrer aujourd'hui, le pape Martin V n'a jamais admis, en tant que doctrine, la supériorité du Concile, il ne lui était guère permis, dans les circonstances où il fut élu, de porter contre cette thèse dangereuse une condamnation solennelle.

---

(1) Bulle du 22 février 1418.

(2) Déclaration faite par le Pape, aux envoyés Polonais dans le cours de la 45e et dernière session (22 avril 1418).

(3) 13º décret de la 40e session, et bulles du 20 janvier 1418.

(4) Lettre d'Eugène IV à ses légats près du Concile de Bâle (1446).

Aussi l'opinion chrétienne, si troublée à cette époque, se laissa-t-elle facilement séduire à cette théorie qu'elle voyait accepter par des savants cardinaux, comme Zabarella ou Pierre d'Ailly, et défendre par le pieux théologien qui, par humilité, refusait les honneurs ecclésiastiques, Jean Gerson. Les Pères de Constance avaient pris leurs mesures pour assurer le sort de leurs usurpations en votant par le décret *Frequens* la périodicité des Conciles généraux. L'intervalle maximum fixé par eux à dix ans devait être réduit pour les deux premières assemblées à cinq, puis à sept ans. Le Concile convoqué en 1423, selon la teneur de ce décret, à Sienne, puis à Pavie, fut maintenu dans la soumission par l'habileté de Martin V. Mais le suivant réuni à Bâle (1431) entra dès les premières sessions en lutte avec le Pape nouvellement élu, Eugène IV. Transféré par lui à Ferrare, le Concile refusa d'obéir, renouvela les décrets votés à Constance dans la 5e session, et déposa, sans autres motifs que son hostilité présente, le Pape légitime pour élire, en sa place, un laïc, Amédée, premier duc de Savoie, qui, dégoûté du monde, vivait en ermite dans la riante solitude de Ripaille sur le lac Léman (1439). Le nom de Félix « heureux », que ce prince s'imposa, ne porta point bonheur à sa tentative de schisme. Tandis que le Conciliabule s'épuisait en efforts stériles dans sa lutte contre Rome, Eugène IV, après avoir donné la couronne impériale à Sigismond, réunissait l'Empereur Jean Paléologue et les représentants de l'Eglise d'Orient au Concile de Florence, conférait la pourpre cardinalice au savant Bessarion et au patriarche des Russes, Isidore de Kiew, concluait avec les Grecs séparés depuis des siècles une réconciliation malheureusement éphémère et engageait des négociations pour ramener à l'unité les diverses communautés schismatiques d'Asie Mineure, de Chaldée et d'Abyssinie (1). Après sa mort, son succes-

(1) Héfélé, t. XI, livre XLVI.

seur, Nicolas V, reçut la soumission de l'antipape (1449).

Nous avons cru nécessaire de mentionner rapidement cette nouvelle scission parce qu'elle naquit des germes néfastes semés pendant le Grand Schisme. La victoire que la Papauté remporta dans cette dernière lutte lui rendit le prestige qu'elle semblait avoir perdu. Nicolas V, Pape pieux et savant, protecteur des arts et prédicateur de Croisades, jeta sur la tiare un nouveau lustre en réunissant autour d'elle les plus hautes intelligences de son époque. Cependant les théories de la supériorité du Concile n'avaient pas encore été l'objet d'une condamnation régulière : retenues par l'Eglise gallicane jusqu'au Concordat de 1801, elles furent, à son service, moins une doctrine théologique qu'une arme de guerre agitée de temps à autre pour fronder l'autorité de Rome. Félix V, le prince laïc élu par un Concile, clôt la liste trop longue des antipapes.

<h1 style="text-align:center">IX</h1>

CONCLUSION

Dans la première journée du Décaméron, Boccace raconte l'histoire d'un Juif Parisien qui fut converti au christianisme par les scandales de toutes sortes qu'il vit à Rome : le Pape et les cardinaux lui avaient paru travailler de toutes leurs forces à réduire à néant cette religion chrétienne dont ils devaient être les défenseurs ; « mais », disait-il, « puisque je ne vois pas survenir cette ruine « qu'ils recherchent et qu'au contraire leur religion aug- « mente et devient chaque jour plus éclatante, je suis

« obligé de reconnaître qu'elle a l'Esprit Saint pour base
« et pour soutien et qu'elle est plus vraie et plus sainte
« que toutes les autres ». Sous la forme plaisante adoptée
par le conteur, qu'il faut excuser comme Florentin de ses
calomnies contre Rome, se cache une profonde vérité,
dont on peut chercher l'application dans l'histoire du
schisme. Si les Papes des trois obédiences furent, à l'exception d'un seul, irréprochables dans leurs mœurs au
sens un peu mesquin que nous attachons à ce mot, aucun d'eux ne montra la grandeur d'âme ni l'humilité nécessaires dans les conjonctures où Dieu l'avait appelé à
gouverner une partie de l'Eglise. L'histoire impartiale
partage entre eux et leurs cardinaux la responsabilité de
ces longues années de désastres. Mais l'insuffisance même
de ceux qui tenaient la place du Christ peut servir à démontrer la présence de Celui qui leur a promis de ne jamais les abandonner. Si l'intervention divine est visible
en quelque endroit de l'histoire de l'Eglise, c'est bien à
cette époque dans le rétablissement de son unité malgré
les obstacles accumulés par les fautes des Papes et des
cardinaux ; institution humaine, l'Eglise se fût définitivement scindée à la fin du xive siècle.

Bien qu'ils soient relativement rapprochés de nous, les
faits saillants du Grand Schisme nous paraissent si
étranges que, sans la multitude des monuments de toutes
sortes qui attestent leur réalité, nous serions tentés de les
croire légendaires. Aujourd'hui, les circonstances qui
déterminèrent la double élection de 1378 ne pourraient
se reproduire. En se détachant du pouvoir civil qui trop
souvent pesait lourdement sur elle, l'Eglise, si elle a
perdu quelque lustre extérieur, a gagné plus de cohé-
sion. Les épreuves qui l'attendent encore sont d'un autre
genre : elles viennent d'adversaires déclarés dont, comme
toutes les institutions fondées sur la force de l'idée, elle
a toujours moins redouté les insultes que les défaillances
de ses représentants. Comme Antée, fils de la terre qui

reprenait des forces en étreignant sa mère, l'Eglise, fille des martyrs, puisera toujours une nouvelle vie dans la persécution. Quelle que soit la violence de celle-ci, elle ne prévaudra point contre cette admirable hiérarchie spirituelle qui a pu, sans en souffrir d'atteinte grave, hésiter un demi-siècle sur la personne de son chef.

BIBLIOGRAPHIE

Antonin (Saint). — Chronicorum opus... emendatum et auctum... opera et studio Petri Maturi,... — Lugduni, 1587.

Baluze (Etienne). — Vitæ paparum Avenionenum... — Parisiis, 1693.

Christophe (abbé Jean-Baptiste). — Histoire de la Papauté pendant le xiv° siècle... (t. III)— Paris, 1853.

Gayet (abbé Louis). — Le Grand Schisme d'Occident d'après les documents contemporains... Les Origines. — Florence, 1889.

Gregoreus (Ferdinand). — Geschichte der Stadt Rom im Mittelalter. 6er Band. — Stuttgart, 1893.

Héfélé (Mgr Charles Joseph). — Histoire des Conciles... traduite de l'allemand par M. l'abbé Delarc, t. X et XI. — Paris, 1874-1876.

Rinaldi (Le P. Odorico). — Annales ecclesiastici ab anno 1198, ubi card. Baronius desinit, t. XVII (1378-1417).

Salembier (abbé Louis). — — Le Grand Schisme d'Occident. — Paris, 1900.

Souchon (Martin). — Die Papstwahlen in der zeit des Grossen Schismus... 1er Band, 1378-1408. — Braunschweig, 1898.

Thierry de Niem. — De Scismate libri tres... Recensuit et adnotavit Georgius Erler. — Lipsiæ, 1890.

Valois (Noël). — La France et le Grand Schisme d'Occident. — Paris, 1896-1902.

TABLE DES MATIÈRES

Saint-Amand, (Cher). — Imprimerie Bussière.

www.ingramcontent.com/pod-product-compliance
Ingram Content Group UK Ltd.
Pitfield, Milton Keynes, MK11 3LW, UK
UKHW022129070726
13613UKWH00003B/1294